당신에게
필요한

색다른
하루

일러두기

이 책 『당신에게 필요한 색다른 하루』에 등장하는
수많은 '나'와 '그' 혹은 '그녀'는
이 책을 읽는 독자이자, 독자들이 만났던 사람이자,
앞으로 살아가면서 만날 수 있는 사람임을 밝힙니다.

당신에게
필요한

색다른
하루

김규리×이친미 지음

베푸는
마젠타,

책임감의
블루,

호기심의
옐로우

서 사 원

이 책 『당신에게 필요한 색다른 하루』는

한번 완독한 후 주기적으로 또 일독하기를 추천합니다.

두 번째 독서부터는 이 페이지에 있는

〈오늘의 컬러 진단〉을 꼭 해보세요.

끌리는 컬러에 관한 이야기를 읽고

지금 나에게 어떤 메시지가 필요한지,

나는 나를 어떻게 대해야 하는지 살펴보세요.

오늘은 어떤 컬러가

당신의 마음에 와닿았나요?

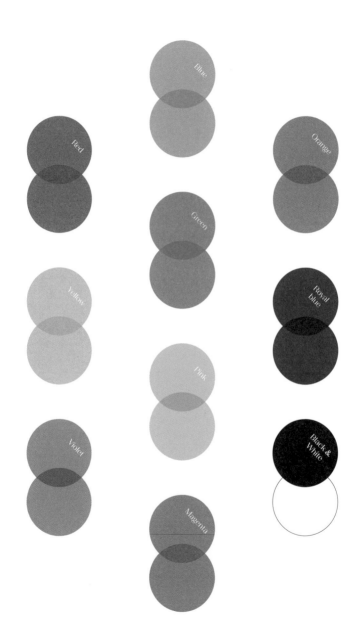

우리가 사는 이 세상은 수많은 컬러로 이루어져 있습니다. 파란 하늘, 에메랄드빛 바다, 초록이 가득한 산, 계절마다 다양하게 피는 꽃 등 우리는 매 순간 자연 속에서 많은 컬러를 접하며 살아갑니다. 어떤 날은 화려한 조명 아래에서 친구들과 신나게 웃고 즐기기도 하고, 어떤 날은 조용히 낚싯대를 펼치고 파란 바다를 바라보며 쉬기도 합니다.

우리의 마음은 매일 달라집니다. 즐거웠다가도 순식간에 우울해지기도 하고, 밖으로 마구 다니다 어느 순간 집 안에 콕 박혀 뒹굴기도 하죠. 우리를 둘러싼 상황이나 주변 사람들의 영향으로 우리 안에 다양한 감정이 일어나기 때문입니다. 또 우리 중에는 풍부한 사랑을 받으며 자존감 높게 성장한 사람도 있고, 반대로 제대로 인정받지 못하고 위축된 상태로 성장한 사람도 있습니다.

우리가 처한 각각의 상황은 컬러의 언어로 설명할 수 있습니다. 나아가 컬러의 에너지를 통해 평온한 상태로 우리를 바로잡을 수도 있습니다. 개인의 타고난 성향에 따라 혹은 현재 상황에 따라 우리는 선호하는 컬러를 다르게 선택하게 됩니다.

이렇듯 끌리는 컬러를 통해 우리 각자의 심리 상태, 신체적 균형, 사고의 패턴 등을 진단할 수 있습니다. 현재 나에게 어떤 결핍이 있는지, 넘치는 에너지는 무엇인지를 알고 균형 잡힌 상태로 돌아가는 방법을 찾을 수 있습니다.

각 컬러에는 고유의 에너지가 있어 선호하는 컬러를 가까이하면 우리의 심신 회복에 큰 도움이 됩니다. 나에 관한 해답을 찾고자 하는 사람, 나 자신을 있는 그대로 수용하고 이해하고 싶은 사람, 내면의 상처를 치유하고 자유로워지고 싶은 사람에게 컬러 이야기를 공유하려고 합니다.

이 책 『당신에게 필요한 색다른 하루』에는 우리가 살면서 만나게 된 사람들과 우리의 마음속 이야기를 컬러별로 구성해 담았습니다. 나의 행동 패턴이나 대화 방식, 인간관계 스타일 등을 컬러의 성질과 연결 지어 생각할 수 있기 때문입니다.

예를 들어, 레드Red 컬러의 따뜻한 성향은 우리의 에너지를 채워주어 의욕을 일어나게 합니다. 우리 인간 중에도 레드 컬러 성향과 비슷한 경우가 존재합니다. 불처럼 따뜻하지만 때로는 활활 태울 듯 뜨거움으로 주변에 사랑과 관심을 표현하며 온기를 불어넣지요. 레드 컬러 성향의 사람들과 함께하면 무엇이든 할 수 있을 것처럼 느껴지는데, 용기와 도전 정신이 전달되기 때문입니다.

하지만 불처럼 따뜻하고 열정적인 레드 컬러 성향이 넘치거나 부족하여 균형이 깨지게 되면 주변에 불편한 영향을 끼치게 됩니다. 속도가 너무 빨라 옆 사람을 숨 가쁘게 하거나 과한 경쟁심으로 스스로 피해 의식에 사로잡히게 되기도 하거든요.

그러니 레드 컬러 성향의 사람은 현재 자신이 균형 상태인지 불균형 상태인지를 잘 살펴야 합니다. 만약 불균형 상태라면 균형적인 상태로 되돌려야 합니다. 내 주변에 불균형 상태인 사람이 있다면 그 사람이 자신의 균형을 찾을 수 있도록 치유의 말을 전달할 수도 있습니다.

각 컬러 이야기의 마지막 부분에는 셀프 치유를 위한 가이드 라인과 나만의 치유 방법은 무엇인지 쓸 수 있는 공간을 마련하였습니다. 해당 컬러의 불균형 상태를 치유하기 위해 나는 자신에게 어떤 처방을 할 수 있을지 가이드 라인에 따라 작성해보세요.

그리고 부록인 〈색다른 치유 카드〉에는 오늘, 당신에게 힘이 될 힐링 메시지가 담겨 있습니다. 자신을 위한 치유로 매일 나에게 읽어 주시기를 추천합니다. 타인과의 관계를 더 넓고 깊게 만들고 싶다면 치유 카드를 타인에게 활용해보세요. 타인의 신뢰와 마음을 얻을 수 있을 것입니다.

컬러테라피스트로 활동하다 보면 반복적으로 받는 질문이 있습니다.

"나는 원래 이 컬러를 좋아하지 않는데, 지금은 왜 이 컬러가 눈에 보이는 건가요?"

"나는 어릴 때부터 이 컬러를 좋아했는데, 지금은 왜 다른 컬러가 좋은 거죠?"

그럼 저희는 이렇게 대답합니다. "그게 자연스러운 겁니다." 우리의 마음은 하나의 컬러로만 이루어져 있지 않습니다. 여러 컬러가 조합되어 한 사람의 성격과 유형을 만들어 냅니다. 컬러 미러 시스템Colour Mirrors System(색채 심리학에 기반을 둔 컬러테라피 프로그램 중 하나)을 통해 자아 정체성PI, Personal Identity을 나타내는 컬러 조합을 찾아낼 수 있습니다. 가장 크게 자리 잡고 있는 메인 컬러를 바탕으로 3~4가지 컬러가 조합되어 있어 상황에 따라 다른 성질이 나타나게 됩니다.

이러한 이유 덕분에 사람의 성격이나 성향은 간단하게 설명하기 어렵습니다. 어느 날은 이랬다가, 또 어떤 날은 저랬다가 하는 것도 이러한 이유 때문입니다. 이 책을 읽다 보면 이 컬러도 내 이야기 같고 또 저 컬러도 내 안에 있는 듯한 느낌이 들 것입니다. 내 안에 있는 다양한 컬러를 느끼고 그대로 받아들여 주세요. 정답을 찾거나 분석하려 하기보다 그냥 보이는 대로 읽고 느끼기를 추천합니다.

각각의 컬러 이야기가 끝나면 해당 컬러를 조금 더 깊게 알 수 있는 인문학적 이야기를 함께 담았습니다. 해당 컬러의 역사, 어원, 발견된 장소, 일상에서 활용하는 방법 등에 관한 내용이 담겨 있습니다. 이 이야기들을 통해 컬러가 지닌 심리와 치유 에너지를 조금 더 깊게 느끼실 수 있을 것입니다.

또 책을 읽다 보면 '나는 어떻게 컬러테라피를 해야 할까?' 하고 궁금해질 것입니다. 특별한 도구가 필요하지는 않습니다. 컬러는 우리가 사는 세상에 늘 존재합니다. 매일 우리는 머리 위 파란 하늘과 함께 하루를 시작합니다. 하루를 마무리할 때 즈음이면 하늘도 서서히 잠들 준비를 하며 포근하고 사랑스러운 컬러로 변신합니다.

이렇듯 일상 곳곳에 있는 자연의 컬러를 충분히 즐긴

다면 우리의 마음은 충분히 회복될 것입니다.

미술관 등에서 작품을 감상할 때 유독 눈에 들어오는 컬러가 있다면 그 또한 지금 내 마음 상태를 표현하는 사인입니다. 옷을 고를 때도 마찬가지입니다. 오늘은 어떤 컬러의 옷을 입고 싶은지, 그 컬러는 지금 내 상태가 어떠하다고 말하고 있는 건지, 나는 지금 어떤 회복이 필요한 것인지 등을 살피며 하루를 보낸다면 더욱더 풍요롭고 건강한 일상이 될 것입니다.

이 책을 한번 다 읽고 난 후 주기적으로 또 읽기를 추천합니다. 두 번째 읽을 때부터는 〈오늘의 컬러 진단〉(p.4 참조)을 통해 해당 컬러의 이야기를 읽고 나에게 어떤 메시지가 필요한지, 나를 어떻게 대해야 하는지 살펴보세요.

내 마음은 내가 가장 잘 알 수 있고, 내가 가장 사랑해 줄 수 있습니다. 이 책을 통해 그 누구보다 나를 가장 사랑하는 자신이 되길 바랍니다.

Gyuree was on the first ever colour course I did in Korea, many years ago.

She was a brilliant student and has worked with colour steadily since then.

The colour story presented in this book is a story of all of us.

I am sure this book would be a helpful guide for anyone interested in colour and healing.

I wish your daily life will be happier by learning to understand and accept yourself and others through this book.

With love

Founder of Colour Mirrors, Melissie Jolly

규리는 오래전 내가 한국에서 처음으로 진행했던 컬러 미러 코스를
수료한 나의 제자입니다.

그녀는 명민한 학생이었고, 그때부터 지금까지 꾸준히 컬러테라피
를 하며 세상을 돕고 있지요.

이 책 『당신에게 필요한 색다른 하루』에 담긴 컬러 이야기는 우리의
삶입니다.

이 책을 통해 나 자신과 타인에 대한 이해와 수용을 배운다면 여러분
의 일상이 더욱더 행복해지리라고 확신합니다.

사랑을 담아서

컬러 미러 창시자, 멜리시 졸리

사람이 TATransactional Analysis(교류 분석), FIRO-BFundamental
Interpersonal Relations Orientation-Behavior(대인관계에 대한 성향이 사람
의 행동에 어떤 영향이 있는지 평가하는 검사법), MBTIThe Myers-Briggs
Type Indicator(자기보고식 성격유형지표), 에니어그램Enneagram(사람
을 9가지 성격으로 분류하는 성격 유형 지표), DISCDominance, Influence,
Steadiness, Conscientiousness 성격 유형 검사, 사상체질四象體質(장부의
대소를 기준으로 사람을 4가지 부류로 나누는 것), 사주四柱(태어난 날을 간
지로 계산하여 길흉화복을 점치는 것) 등 온갖 유형의 테스트를 섭렵하
려는 가장 큰 이유는 자신이 누구인지, 어떤 사람인지 찾는 일이 사
람에게 가장 중요하기 때문입니다.

여러 유형 테스트 중 컬러테라피는 가장 자연스럽게 나를 찾아가는
과정을 안내합니다. 박사 과정을 마치고도 뒤처지지 않으려고 열심
히 공부하던 나에게 김규리 박사님은 말했습니다.

"김진혁 박사님은 배우는 쪽에서 가르치고 나누는 쪽으로 전환하시
면 더욱 심신이 편안해지지 않을까요?"

이 한마디가 지금까지의 내 생각과 태도를 바꾸는 전환점이 되었습
니다. 이 책 『당신에게 필요한 색다른 하루』를 읽는 독자님에게도
나와 같이 인생이 바뀌는 터닝 포인트가 생기리라고 자신합니다.

한양대학교 상담심리대학원 김진혁 교수

컬러테라피의 치유 에너지는 사람을 향한 사랑의 힘에서 나옵니다.
김규리 회장님과 이진미 부회장님의 사람을 향한 사랑의 감성은 늘
신의 사랑을 전하는 마젠타 컬러처럼 넘쳐흐릅니다.

우리에게는 소울메이트가 필요합니다. 그리고 이 소울메이트는 컬
러테라피를 통해 만날 수 있습니다. 저 역시 두 분의 에너지가 고스
란히 담겨 살아 숨 쉬고 있는 이 책『당신에게 필요한 색다른 하루』
덕분에 가장 아름답고 신비로운 나만의 소울메이트를 만날 수 있었
답니다.

컬러테라피가 주는 색다른 하루가 필요하신 모든 분에게 이 책이
훌륭한 선물이 되리라고 믿습니다.

NLP 심리코칭 전문가 박재진 박사

먹어도 맛을 느낄 수 없고, 소리가 들리지 않고, 앞이 보이지 않는 다면 우리는 사는 게 즐겁지 않을 것입니다. 평소 공기와 물의 고마움을 느끼지 못하듯이 사람은 소리와 빛의 고마움도 자주 잊고 지냅니다.

운동 선생님을 통해 건강한 몸 가꾸기를 배우듯 전문 컬러테라피스트의 상담과 조언을 통해 내 마음의 색을 찾고, 이를 바탕으로 나를 더욱더 발전하게 한다면 분명 멋진 경험이 될 것입니다.

사람에 치이고 삶에 지친 당신에게 마음의 위로를 전하고, 이미 당신은 누구보다 빛나는 보석임을 일깨워주는 이 책 『당신에게 필요한 색다른 하루』를 세상 가장 소중한 사람인 나 자신에게 선물하길 추천합니다.

컬러로 세상을 이롭게 하고 있는 컬러테라피스트 김규리 회장님과 이진미 부회장님, 책 출간을 진심으로 축하드립니다!

가톨릭대학교 부천성모병원 소아청소년과 빈중현 교수

복잡 다사다난한 세상에서 자신을 찾고자 하는 사람들이 할 수 있는 성격 유형 검사가 여럿 있지만, 그중에서도 컬러테라피는 사람의 본능과 직관에 근거해 나는 누구인지, 어떻게 하면 더 나아질 수 있는지 다정한 진단과 유용한 처방을 내리는 도구라고 생각합니다.

이 책 『당신에게 필요한 색다른 하루』는 "A는 B이니 C해야 한다"라고 단순하게 평가내리는 심리테스트가 아닙니다. 평소와 다른 자신이 느껴지지만 어떻게 이 불안감을 다독여야 하는지 모를 때 언제든 마음 편히 찾아갈 수 있는, 세상에서 나를 가장 잘 아는 심리 상담가가 있는 마음 치유 상담소입니다.

가상 세계의 발달로 사람 사이의 관계는 넓어졌지만 그 깊이는 그만큼 얕아졌습니다. 아마 앞으로 점점 더 심해질 테지요. 세상에 나혼자만 덩그러니 놓인 듯 지치고 힘든 하루, 나를 잠시 내려두고 누군가에게 오롯하게 기대어 위로받고 싶은 현대인에게 이 책이 큰 도움이 되리라고 확신합니다.

코레일 인재개발원 리더십 과정 강영환 교수

이 책 『당신에게 필요한 색다른 하루』에는 10가지 컬러가
담겨 있습니다. 우리가 어릴 때부터 자연스럽게 접했던
무지개의 7가지 컬러(레드, 오렌지, 옐로우, 그린, 블루, 로열
블루, 바이올렛)와 일상에서 자주 접하는 마젠타, 핑크,
블랙&화이트로 구성되어 있습니다.
마젠타는 컬러테라피를 하는 사람들에게는 특별한
힘을 주고 힐링을 상징하는 컬러입니다.
지친 컬러테라피스트에게 힘을 충전해주는
에너지를 지니고 있지요. 그리고 핑크는 무조건적인
사랑과 수용을 상징합니다. 마지막으로 이 모든 색과 빛을
포함하고 있는 기본 컬러인 블랙&화이트의 이야기를
담았습니다. 이렇게 10가지 컬러가 당신에게 위안과
용기를 줄 것입니다.

마젠타 ●
Magenta

블랙 & 화이트 ●
Black&White

레드
Red ●

Magenta

마젠타

바이올렛 컬러에 레드 컬러를 더하면 마젠타 컬러가 됩니다.
우리말로는 '심홍색'이라고 하지요.
주변에서 자주 듣는 "자줏빛" "와인 같은 색" 등이
모두 마젠타 컬러 계열의 색이랍니다.
마젠타 컬러는 타인을 감싸고
힐링할 수 있게 돕는 에너지를 지니고 있어
남을 돌보거나 도와주기를 좋아하는 컬러입니다.

인생의
귀인이
되었던
어르신

나는 편안한 내 집 마련을 목표로 20대를 악착같이 보냈었다. 빛도 잘 들어오지 않는 눅눅한 반지하 방에서 먹을 것, 입을 것을 아껴가며 제대로 된 내 집 하나를 마련하기 위해 말 그대로 고군분투했다.

그러던 중 서른이 되자마자 우연히 전셋집을 구하게 되었다. 객관적으로 좋은 집은 아니었지만, 급히 구한 집치고는 따뜻한 햇볕도 들어오고 혼자 살기에 사이즈도 나쁘지 않았다. 주인집 할아버지도 꽤 좋은 분이신 것 같았다.

집 주인) "아가씨가 기특하게도 살았나 보네. 아가씨가 사는 동안에는 전세보증금 안 올릴 거니 돈 많이 벌어서 나가요."

전세살이 2년이 끝날 때마다 전세보증금은 너무 오르고 모아 놓은 돈은 늘 부족하기 마련이라 정말 반가운 말이었다. 그런데 그게 전세 사기일 줄은 꿈에도 몰랐다. 하늘이 무너졌다. 알고 보니 땅 주인과 집 주인이 달랐고, 나와 계약했던 집 주인이 땅세(지료)를 내지 않아 집이 경매에 넘어가게 된 것이었다.

이후 경매가 진행되지는 않았지만 다시 소송이 진행되었고, 결국 건물은 철거 명령이 떨어지게 되었다. 앞이 막막하고 모든 노력이 허무해지는 순간이었다.

그렇게 낙심하고 있던 찰나 땅 주인에게 전화가 왔다. 70세가 훌쩍 넘은 어르신이었다. 수화기 너머 땅 주인은 나를 보고 싶다고 했다. 만나러 간 그 자리에는 소송 때문에 자주 뵙던 한 분이 앉아 계셨다.

땅 주인) "아가씨가 궁금해서 보자고 했어요. 속아서 계약했다면 이 상황이 개탄스러울 것이고, 속지 않았다면 나

마젠타

는 여기에서 모든 결정을 끝낼 거예요. 속아서 계약했다는 걸 증명할 수 있나요? 늙은 나도 조금만 알아보면 미심쩍은 부분이 금방 보이는데 젊은 친구가 어찌 이런 계약을 했나요?"

그분은 한심스러운 듯 복잡 미묘한 말투로 이야기하셨다. 그리고 내게 증명해야 할 숙제를 주고 다음 만남을 기약하였다. 다양한 소송을 진행하던 중이라 속아서 계약했다는 사실 증명은 어렵지 않았다. 한순간도 의심을 거두진 않았지만 내 자료를 하나둘 검토하던 어르신은 이내 나에게 다음과 같이 제안했다.

땅 주인) "나마저 젊은 친구를 절벽으로 몰아넣는다면 나 또한 똑같은 인간이 될 것 같으니 나를 조금만 도와주면 그 건물에 사는 세입자 모두를 도와드리려 합니다."

소송만 7년, 또 다른 사건의 시작이었지만 마치 내 눈에는 그분이 천사처럼 보였다. 도와달라는 것도 다른 게 아니라 나이가 있어 법원 업무를 볼 여력이 없으니 그 업무만 부탁한다는 것이었다. 긴 소송을 진행하면서 변호사 없이 손수 승소 판결을 받고 재산 추적을 했던 나에게는 어렵지 않은 일이긴 했지만 혹 내가 못하는 일이라도 무조건 도와드려야 했다.

그렇게 다시 1년이 지나고 드디어 모든 일이 끝났다. 덕분에 그 건물에 살던 세 가구 모두 웃으며 이사를 나갈 수 있었다. 분명 그 어르신에게는 손해를 보는 결과였다. 하지만 일면식 하나 없던 우리를 그저 자신의 자식들보다 어리고 젊다는 그 이유만으로 도와주었다.

단정하게 쪽진 머리카락에 곱게 화장을 하시고 자줏빛 코트를 입고 항상 약속 자리에 나보다 먼저 나와 기다려주시던 그 모습은 평생 잊지 못할 나의 귀인의 모습이었다.

어르신께서는 나에게 아직은 살 만한 세상임을 알게 해주고 싶으셨다고 했다. 더불어 포기하지 않고 무엇이든 끝까지 노력하면 반드시 노력한 만큼의 결과를 얻을 수 있음을 알려주셨다. 이 1년은 아마 평생 잊지 못할 감사한 기억이 될 것이다.

돈이 많다거나 마음이 착하다고 무조건 누굴 도울 수 있는 것은 아닐 텐데, 이 어르신은 자신이 손해임을 알면서도 어떻게 이렇게 나를 도와줄 수 있었을까?

마젠타

컬러테라피스트의 조언

마젠타 컬러는 베풀기를 좋아하는 귀인을 의미하는 컬러이다. 또한 상속자의 컬러이자 물질적으로 풍요롭고 삶에 여유가 있음을 표현하는 컬러이기도 하다. 마젠타는 다른 컬러들과 비교했을 때 특히 연민과 동정의 마음에 공감한다.

아마 글 속 어르신은 자신이 살아오며 힘들었던 순간을 떠올리며 열심히 살아가고자 하는 젊은 사람들을 응원하고 싶었던 것은 아닐까? 풍요롭다는 건 물질적인 의미도 있지만 무엇보다 가장 큰 풍요로움은 마음이 아닐까? 마음의 풍요로움에서 우러러 나오는 사랑이 사람을 돕고 싶은 에너지가 되어 누군가에게 귀인이 되었으리라고 생각한다.

주변을 한번 둘러보자. 나의 작은 손길이 필요한 사람이 있을 것이다. 그 사람에게는 어쩌면 내가 귀인이지 않을까?

컬러테라피스트의 액션 플랜

눈을 감고 오늘 하루의 일을 떠올려보자. 미처 챙기지 못한 사람은 없는지, 오랜만에 연락하고 싶은 사람은 없는가? 떠오르는 사람이 있다면 메시지를 보내 반갑게 안부 인사를 해보자.

치유 포인트

◇ 살아가면서 만난 귀인이나 은인이 있나요?

예시)

어릴 적 길 잃고 울고 있던 나를 도와준 대학생 언니

신입사원 시절 회사 생활을 도와준 선배

휴대전화를 잃어버렸을 때 아무런 대가 없이 찾아준 사람

◇ 내가 만난 귀인은 어떤 사람이었는지, 그 귀인에게 어떤
점이 고마웠는지 써보세요.

마젠타

한없이 퍼주는 사람

그녀를 생각하면 모난 곳 없는 동그라미 같은 사람, 정이 넘치고 사랑이 가득해 아낌없이 퍼주는 따뜻한 사람, 지치지 않는 에너지로 동에 번쩍 서에 번쩍하는 사람의 이미지가 떠오른다. 가끔 SNS 메시지로 뜬금없이 선물 쿠폰이 날아온다. 뭐야 하고 보면 그녀가 보낸 것이다. 그렇게 잊을 만하면 그녀의 소식이 전해진다.

또한 그녀는 내가 아는 사람 중 연중 이벤트를 가장 많이 챙기는 사람이다. 마치 막 사랑에 빠져 이 사랑을 표현하지 않고는 못 견딜 연인처럼 이벤트를 챙긴다. 밸런타인데이에는 색색의 예쁜 사탕을, 스승의 날에는 실용적인 선크림을, 사무실을 방문할 때는 아기자기하고 귀여운 소품을, 연말연시에는 새해 소망에 관한 특별한 메시지를 담은 아이템 등 하나하나 언급하기 어려울 만큼 다양한 선물을 보낸다.

이런 아이템은 다 어디서 찾아낼까? 매년 새로운 아이템들을 찾아내는 열정과 실천력이 매번 놀랍다. 이러한 행동을 나에게만 할 리가 없고 주변 지인 모두에게 그리할 텐데 어떻게 저렇게까지 다른 사람을 잘 챙길 수 있는 걸까?

그녀는 남만 잘 챙기는 게 아니라 본인 역시 똑 부러지게 행동하며 야무지게 챙긴다. 자신에게 주어지는 일을 한 치의 고민도 없이 기꺼이 감사한 마음으로 모두 해내는데, 본인의 업무에서 놀라운 성과를 내는 것은 물론 사생활 역시 흠잡을 데 없이 모범적이다.

그녀는 하고 싶은 일, 하기 싫은 일을 구별하지 않는다. 아주 넓고 큰 영역을 포괄한다. 그녀는 과연 인간이 맞는 걸까?

마젠타

컬러테라피스트의 조언

마젠타 컬러 성향의 사람은 인간의 영역을 뛰어넘는 잠재력과 다른 사람과는 차별화된 독특한 행동이나 면이 있다. 또한 주변 사람들을 도우려는 마음이 넘친다. 누군가에게 어떤 도움을 줄 수 있을지 항상 생각한다. 그래서 끝임없이 마음을 전하려고 무언가를 선물하는 것을 좋아한다.

그래서 마젠타 컬러 성향의 사람을 우리는 '귀인'이라고 부른다. 주변 사람들에게 사랑과 도움을 전하기 때문이다.

그런데 아무리 에너지가 넘치고 스케일이 크다고 해도 어느 한순간에 에너지가 바닥날 수 있다. 그러니 마젠타 컬러 성향의 사람은 자신이 갑자기 번 아웃 될 수 있음을 늘 유의하며 주기적으로 자신을 위한 힐링 타임을 가져야 한다. 자신과 타인을 위한 적절한 균형을 만들어야 한다.

컬러테라피스트의 액션 플랜

주 1회 혹은 월 1회씩 주기적으로 자신만의 힐링 타임을 가져 보자. 이때 무엇을 할 것인지 계획서를 작성하고 힐링 후 결과를 체크하는 리스트를 만든다. 힐링으로 인한 감정 상태와 신체 에너지 변화 등을 확인하며 균형적인 마젠타 컬러 상태를 유지하도록 한다.

치유 포인트

◇ 나를 위한 치유에는 어떤 것들이 있나요?

예시)

1주일에 1번 정도 혼자 카페에서 책 읽기

계속 생각만 하고 시도하지 못했던 1대 1 PT 50회 결제하기

집안일 걱정 잠시 내려두고 친구들을 만나 수다 떨기

◇ 나를 위한 치유를 써보세요. 그리고 필요할 때마다 추가해
보세요.

무료함을 쇼핑으로 달래는 사람

누가 봐도 귀하게 자란 듯 보이는 여성이다. 어릴 때부터 곱게 자라 고생의 흔적이 전혀 없는 외모와 성격의 소유자다. 고등학생인 아이가 있는데도 이성에게 데이트 신청이 종종 들어올 만큼 동안이고 예쁜 외모를 가졌다.

타인을 미워하거나 비난하는 모습을 본 적이 없다. 언제나 얼굴에 미소를 띠고 있고 사람들에게 늘 베푸는 넉넉한 마음을 지니고 있다. 풍족하게 살아왔기 때문인지 "이게 안 되면 다른 걸 하면 되지" "이번에 안 되면 다음번에 또 하면 되지"라는 말을 자주 할 만큼 언제나 느긋하고 여유롭다.

어느 날 친구들과 단체로 쇼핑을 하러 다녀왔다고 했

다. 친구가 명품 가방을 사니까 단체로 다 같이 구매했다고 한다. 그녀와 만날 때마다 대화 주제는 '쇼핑' '취미 활동' '집 리모델링' 등이다. 그녀처럼 경제적으로 여유 있고 시간도 많은 사람은 기분 전환용으로 집을 리모델링 하고 누군가의 1년 연봉과 맞먹는 비용을 내고 취미 활동을 한다.

나처럼 생활을 위해 일하는 사람들은 어떤 항목이든 가성비를 따진다. 최저 비용으로 최대 효과를 낼 수 있는 아이템을 고르는 일에 달인이 될 정도이다. 그래서 나는 그녀를 만날 때마다 경제적 여유와 시간이 있는 삶이 부럽다고 생각한다.

그런데 그녀는 반대로 내가 일하며 살아가는 삶이 부럽다고 말한다. 할 일이 있고 바쁘니 좋겠다는 것이다. 경제적으로 구애받지 않고 자신이 하고 싶은 일을 마음껏 하는 사람으로 보였던 그녀는 삶이 공허하다고 말한다. 마음만 먹으면 무엇이든 할 수 있기 때문에 오히려 아무것도 안 하게 되고 해야 할 일도 하루하루 미루게 된단다. 그녀는 왜 이러한 공허감을 느끼는 것일까?

마젠타

컬러테라피스트의 조언

마젠타는 상속자 혹은 상류층을 상징하는 컬러이다. 풍족하고 여유 있는 환경에서 자란 사람들은 살면서 결핍, 경쟁, 치열함 등을 상대적으로 적게 경험하기에 성격 또한 모나지 않고 둥글둥글한 편이다.

하지만 이미 가진 것이 풍족하다 보니 꼭 해내고 말겠다는 집념은 다소 부족한 편이다. 무슨 일이든 빨리 싫증이 나거나 어려움에 부닥치면 그냥 멈추어버릴 가능성도 크다.

이렇듯 자신의 일상이나 환경에 자주 권태로움을 느낄 수 있으니 아주 사소한 것이라도 감사함과 행복감을 느끼려는 노력이 필요하다. 그러니 내가 이미 가지고 있는 것에 감사하고 그것을 잘 활용하려고 노력해보자.

컬러테라피스트의 액션 플랜

자신에게 주어진 풍요로움을 어떻게 사용해야 삶에서 더욱더 의미 있을지 생각해보자. 지금보다 더 가치 있는 삶이 되려면 내가 가진 것을 다른 이들과 어떻게 나누고 싶은지도 계획해보자. 자기계발, 재능기부, 사회 환원 등을 깊이 고민해보고 자신이 할 수 있는 것부터 단계별로 도전해보자.

치유 포인트

◇ 일상에서 실천할 수 있는 작은 나눔은 무엇인가요?

예시)

가족 내 어르신들에게 하루 한 번 안부 전화하기

나의 재능을 필요한 사람에게 나누어 주기

친구의 어려움을 들어보고 적절한 도움 주기

◇ 내가 행복해지는 나눔에 관해 써보세요. 그리고 필요할 때
　마다 추가해보세요.

우표계의 모나리자, 1센트 마젠타 우표

1센트 마젠타 우표

혹시 '우표계의 모나리자'를 아는가? 바로 '1센트 마젠타 우표'에 붙여진 별명이다. 이 우표는 1856년 당시 영국령이었던 남아메리카 가이아나Guyana에 폭풍이 휘몰아쳐 본국으로부터 우표 공급이 끊어지자 임시로 '1센트 마젠타 우표'를 만들어 판매한 것이다. 속달용 우표로 만들어졌는데 마젠타 컬러의 상징성과도 잘 맞아 떨어진다.

마젠타 컬러는 신의 영역인 '시간을 단축한다'라는 상징을 지니고 있다. 당시 임시로 만들어진 이 우표는 당연히 발행 수가 적었기에 그만큼 희귀하다. 또한 마젠타 컬러의 독특성과 특별함의 상징 표현과 연관지어져 컬러테라피에서도 그 의미가 높다.

1873년 한 스코틀랜드 소년이 이 마젠타 우표를 삼촌의 편지에서 뜯어내던 중 한쪽 귀퉁이가 찢기자 귀퉁이를 모두 잘라버려 팔각형 모양으로 만들었다. 이것이 바로 세상에서 단 한 장뿐인 '1센트 마젠타 우표'의 시작이다. 소년은 우표상에게 1.5달러를 받고 이 우표를 팔았다.

이 우표의 가치가 세상에 본격적으로 알려지기 시작한 때는 1878년 전설적인 우표 수집가 필립 폰 페라리 백작이 당시로서는 꽤 높은 가격인 150파운드에 이 마젠타 우표를 사들이면서다. 백작의 우표 수집품은 사후 그의 유언에 따라 베를린 박물관에 기증되었으나 제1차 세계대전 후 프랑스의 수중에 들어갔고, 그중 1센트 마젠타 우표는 1922년 유명한 수집가 아서 하인드에게 넘어갔다. 이후에도 이 우표는 여러 수집가를 거치며 가치가 폭등해 2014년 뉴욕 소더비 경매에서는 약 950만 달러에 낙찰되었다.

이 마젠타 우표 가운데에는 검은색 잉크로 범선이 그려져 있고 'Damus Petimus que vicissim(받기를 원한다면 먼저 주어라)'가 라틴어로 적혀 있다. 어떻게 우표 1장이 그만한 가치를 가질 수 있을까? 생각할수록 놀랍지만 마젠타 컬러가 가진 상징성처럼 인간의 힘을 뛰어넘는 신의 영역이라면 충분히 일어날 수 있는 일이지 않을까?

'Damus Petimus que vicissim'라는 글귀에서도 마젠타 컬러의 메시지를 볼 수 있다. 내가 지닌 에너지를 주변의 어려운 사람들에게 나누고 전하는 것은 마젠타 컬러의 특성이다. 항상 힘이 넘치고 인간이 상상할 수 없는 영역에까지 영향력을 발휘하는 이유는 인간과 신을 연결해 신의 사랑을 전달하는 치유자의 색이기 때문이다.

마젠타 컬러 에너지를 가득 갖고 태어난
자스민 공주

2019년 영화 〈알라딘〉에서 마젠타 컬러의 드레스를 입고 계단을 내려오는 자스민 공주의 모습은 완벽 그 자체였다. 아그라바 왕국의 공주로 태어날 때부터 부와 권력을 지니고 있었고 왕국을 이어받아 술탄이 될 위치에 있었다.

자스민 공주처럼 살고 싶다고 해도 그러한 삶은 신이 선택해 주는 것이다. 즉, 자스민 공주는 마젠타 컬러의 상징적 메시지인 신의 사랑을 온몸에 받고 태어난 사람이다.

자스민 공주는 내면이 따뜻하고 공정하며 불쌍한 사람들을 그냥 지나치지 못하는 사랑이 넘치는 성향이다. 자신이 가진 것들을 활용하여 주변 사람들을 돕고 보살피는 치

당당하고 진취적인 여성상을 표현하는 마젠타 컬러

유자의 성향도 지녔다. 외모도 아름답지만 내면까지도 품위와 성품이 빛나는 사람을 볼 때 우리는 감격하게 되고, 그러한 사람들을 여신이라고 부른다.

자스민 공주처럼 "어떻게 저렇게까지 마음이 착할 수 있을까?" "불의에 굴복하지 않는 저 성정은 어디서 온 것일 것일까?"라는 감탄을 자아내는 사람들이 우리 주변에도 종종 존재한다. 마치 다른 세계에서 온 듯한 이러한 사람들은 마젠타 컬러의 에너지를 발휘하며 살아간다. 인간의 영역을 뛰어넘는 신의 사랑을 전하는 다리 역할을 하며 살아가는 사람들이다.

자스민 공주는 사랑에서도 마젠타 컬러의 면모를 톡톡히 보여준다. 현실에 타협하지 않고 자신이 사랑하는 사람인 알라딘을 지키기 위해 신분을 뛰어넘는 용기와 당당함을 보여준다. 신분이나 조건이 아닌 사람의 진정성을 들여다볼 줄 알며 마음을 나누는 삶을 지향하는 것이다.

전통적인 편견에 갇히지 않고 고쳐야 할 것들을 직시하며 도전하는 진취성을 지닌 자스민 공주는 현대적이고 미래지향적인 여성상을 보여주는 마젠타 컬러의 상징이다.

Pink

핑크

레드 컬러에 화이트 컬러를 섞으면 핑크 컬러가 됩니다.
컬러테라피에서는 레드 컬러의 강화 버전으로 해석된답니다.
그래서 열정적인 사랑보다는 로맨틱하고
무조건적인 사랑을 상징하지요.

비아냥대고 공격적인 사람

　오랜 지인인 그녀는 평소 목소리가 크고 활동적이며 다양한 모임에 즐겨 참여한다. 사람들과 함께하는 것을 좋아하고 주로 모임의 분위기를 자신이 끌어가는 편이다.

　가끔 안부를 물으면 "지금 쇼핑 가려는데 같이 갈래?"라고 대답하는 일이 많을 만큼 그녀는 쇼핑도 즐긴다.

　어느 날 그녀가 속한 모임에서 생긴 일이다. 지인의 초대로 나는 그 모임에 게스트로 함께하게 되었는데, 우연히 여러 달 만에 만난 그녀는 평소처럼 나를 반갑게 맞이하며 사람들에게 소개하였다.

　그런데 시간이 지나고 술기운이 조금씩 오르기 시작

하면서 그녀의 태도가 달라졌다. 이 모임에 내가 참여한 게 싫다고 은연중에 표현하기까지 했다. 뒤늦게 들은 이야기로는 나를 이 모임에 계속 참여하지 못하도록 노골적으로 싫은 내색을 했다고 한다.

이를 몰랐던 나는 평상시와 같은 그녀의 모습에 그 자리가 편하게 느껴졌으나 그녀는 곧 본색을 드러냈다. 나를 깔아뭉개고 싶어 하는 말을 내뱉기 시작한 것이다.

"쟤는 우리 모임에 합류 안 할 걸~! 난 쟤가 합류하면 이 모임에서 탈퇴할 거야~"라고 비아냥거리며 나를 우습게 만들고 싶어 하는 듯했다. 처음에는 그 자리에 있던 모든 사람이 웃으며 그녀의 농담을 받아주었고 나 또한 웃으며 듣고 있었다.

그런데 문제는 모임 초반에 끝났어야 할 그녀의 말과 행동이 모임이 끝날 때까지 지속해서 반복되었다는 점이다. 생각해보니 이는 그녀의 오래된 행동 패턴이었다. 그녀의 비아냥대고 공격적인 언행은 무엇에서 기인한 것일까?

화려하고 통통 튀지만 끊임없이 관심과 사랑을 갈구하는 심리 상태는 핑크 컬러의 부정적인 성향이라고 볼 수 있다. 핑크 컬러는 '사랑' '여성성' '있는 그대로의 만족' '감사' '자신에 대한 수용' 등을 갖도록 도와주는 색이다.

하지만 핑크 컬러의 부정적인 성향은 이와 반대로 항상 사랑이 부족하다고 느껴 그 부족함을 채우려고 주변 사람을 불편하게 만드는 행동을 하게 된다.

예를 들면, 사치를 부려 화려함으로 외면을 치장하는 경우가 있다. 있는 그대로의 나에 관한 수용과 만족이 없는 상태이기 때문에 물질로 채우려는 심리가 생기는 것이다.

혹은 사람들 사이에서 나만 사랑을 독차지하고 싶은데 그렇지 못한 상황이 펼쳐질 때는 목소리가 커지며 평소보다 오버하는 행동을 보이게 된다.

이는 강한 어투로 나 외의 다른 사람들을 무너뜨리려는 심리가 반영된 것이다. 자신의 언행이 주변을 불편하게 한다는 걸 알아채지 못한 채 자신이 우위에 서는 것처럼 보이는 상황에 빠지게 되는 것이다.

자신의 매력을 알고 스스로를 사랑하는 노력이 필요하다. 누구나 자기만의 매력을 소유하고 있다. 외모가 특별히 멋진 사람도 있고 품성이 훌륭한 사람도 있다. 한사람이 모든 것을 완벽하게 갖고 있기는 매우 어려운 일이다. 그래서 자신에게 주어진 좋은 점을 잘 찾아내고 그것에 감사하는 노력이 필요하다.

　　현재 자신이 지닌 강점을 소중히 하고 감사하다고 여기는 것을 충분히 해야 한다. 그것이 온전히 이루어져 있어야 다른 부분을 채우는 노력을 할 수 있게 된다. 이것이 있는 그대로의 나를 사랑하는 방법이다.

컬러테라피스트의 액션 플랜

타인과 자신이 비교되는 상황이 올 때마다 타인에게는 없지만 나에게는 있는 장점을 글로 써보자. 자신에게 얼마나 많은 장점이 있는지 알게 될 것이다.

　　타인의 장점만 부러워하지 말고 자기의 장점을 잘 이해하려는 노력이 필요하다. 그러니 매일 자신에게 칭찬 3가지를 해보면 좋다.

치유 포인트

◇ 나의 사랑스러운 점은 무엇인가요?

예시)

주변 사람들을 세세하게 챙기는 점

열정적이고 정이 많은 점

하고 싶은 일을 적극적으로 추진하는 점

◇ 나의 사랑스러운 점을 써보세요. 그리고 필요할 때마다 추
가해보세요.

사랑 때문에 눈물 흘리는 남자

친구의 소개로 만나 연인이 된 두 사람은 누가 보아도 모나거나 튀지 않게 모범적으로 살아가는 사람들이었다. 만남을 주선한 사람은 둘의 관계가 그렇게 빨리 그리고 적극적으로 발전될 줄 미처 몰랐다고 한다.

그 커플은 2~3번의 만남 만에 급진적으로 가까워졌고 함께 있을 때는 서로 깊이 사랑하는 연인처럼 보였다. 남자는 여자의 말과 행동에 온 신경을 집중하는 듯 행동했다. 아주 사소한 것까지 챙기느라 매번 뛰어다녔고 여자가 움직일 틈을 주지 않았다. 옆에서 함께 보고 있으면 좀 지나치다 싶어질 정도였다.

처음에는 '와! 둘이 정말 좋아하나 보다'라고 생각했지만 한편으로는 좀 걱정이 되기도 했다. '저렇게 좋아하다가 혹시 한쪽에서 만남을 피하게 되거나 마음이 변하면 어떻게 하지?' '속도가 너무 빠른데?'라는 걱정이었다.

그러던 어느 날 걱정이 현실이 되었다. 여자가 남자에게 그만 만나자고 통보했다. 그녀가 이별을 통보한 이유는 다음과 같았다.

"난 당신의 행동이 부담스러워요. 나는 당신을 이렇게까지 좋아하지는 않는단 말이에요."

그렇다. 우리가 볼 때도 남자의 속도는 너무 빨랐는데 여자의 입장에서도 너무 빠르게 가까이 다가오는 남자가 부담스러웠던 것이다. 남자는 친구와 저녁을 먹으면서 본인은 그녀를 너무나 좋아했는데 이렇게 되어 슬프다며 눈물까지 흘렸다고 한다.

그 남자의 이야기를 듣던 친구는 이별을 통보한 여자도 놀라웠지만 자기 앞에서 눈물을 흘리는 그 남자의 모습도 당황스러웠다고 한다. 이 남자에게 사랑은 대체 어떤 의미길래 이렇게 눈물까지 흘렸던 걸까?

컬러테라피스트의 조언

남자는 우리가 흔히 말하는 '금사빠(금방 사랑에 빠지는 사람의 줄임말)' 성향으로 보인다. 첫눈에 반할 만큼 마음에 든 이성을 만나게 되었고 온 마음을 그녀에게 주었다.

하지만 정성을 다해 그녀를 보살피고 사랑을 표현했음에도 돌아온 것은 이별 통보였다. 서로 나눈 마음이 영원할 줄로만 알았던 그 남자에게는 청천벽력 같은 통보였을 것이다.

하지만 모든 일은 시작이 있으면 끝도 있는 법이다. 누군가와 마음을 나눌 때는 자기 마음을 지키며 마음을 나누어야 한다. 그래야만 누군가와 나누었던 마음이 물거품이 되어 사라지더라도 자신을 위한 최소한의 마음은 남게 된다. 여기서 우리는 그린 컬러와 핑크 컬러 사이의 균형을 배울 수 있다.

그린 컬러의 '균형'에서는 나와 타인 간의 적절한 공간 지키기를 배울 수 있다. 이성 교제뿐만 아니라 보통의 인간관계에서도 마찬가지로 적용되는 규칙이다. 나의 공간과 타인의 공간에 적당한 거리감을 두는 것이 좋다.

핑크 컬러의 '미련'에서는 지난 사랑에 관한 미련을 해소하는 방법으로 공허함과 외로움이 차지한 그 자리에 '조건 없는 수용'이라는 핑크 컬러의 에너지를 채워야 함을 배울 수 있다. 이를 위해 다른 방법으로 자기를 사랑하도록 돕는 핑크 컬러 성향의 활동들을 찾아서 하면 좋다.

컬러테라피스트의 액션 플랜

나의 삶과 상대의 삶을 구별해서 생각하자. 각자의 일과 일정, 여가생활 등 개인적인 시간과 인간관계 등을 그 자체로 인정하는 훈련을 해보자. 자신을 위한 취미 활동이나 자기 계발 시간을 통해 혼자만의 시간을 즐기는 노력을 해보자.

치유 포인트

◇ 연애할 때 상대와 마음의 속도를 맞추는 나만의 방법은 무엇인가요?

예시)

각자의 자유 시간을 존중한다

상대방의 마음 속도와 나의 마음 속도가 비슷하도록 연습한다

서로의 생각과 마음에 관해 자주 대화하며 소통한다

◇ 연애할 때 상대방의 속도와 내 속도를 맞추는 나만의 방법을 써보세요. 그리고 필요할 때마다 추가해보세요.

나를 항상 챙겨주는 지인이 있다. 그 지인 덕분에 한 모임에 초대되어 강의를 한 적이 있다. 10명이 모인 작은 모임이었는데 그중 한 분이 자신의 마음을 조심스럽게 이야기했다.

"저는 집보다 밖이 더 좋아요. 집에서는 내가 무뚝뚝한 사람인 줄 알아요. 어느 순간부터 아이들과 대화가 사라지기 시작했어요. 왜 그럴까요? 저의 아내는 완벽주의자에요. 제가 하는 것은 다 부족해 보이나 봐요. 숨이 막힐 때가 많아요.”

이야기를 들어보니 아내가 완벽을 추구하는 성격이라 칭찬보다는 지적이나 잔소리가 많다고 한다. 그러다 보니 자연스럽게 자존감이 많이 내려가고 자녀들과 관계도 소원해진 것 같았다.

하지만 내가 느낀 그의 첫인상은 유쾌한 성격을 지닌 사람 같았기에 그의 이야기가 다소 놀라웠다. 그는 이 모임에 나오면 사람들이 자신의 이야기에 호응해주고 자신을 챙겨주고 반겨주는 사람들이 있어 너무 즐겁다고 했다.

모임 내 사람들도 이 사람이 성격도 밝고 리더십도 있어 주도적으로 모임도 많이 만들고 주변도 잘 챙기는 사람이라고 말했다. 이러한 사람은 사회에서 인기가 많을 수밖에 없다.

그런데 그에 관해 이렇게 말하는 사람들도 있다. “그런데 안 챙기면 얼마나 토라지고 서운해하는지, 피곤할 때도 많아….” 이 남자, 과연 어떤 모습이 진짜 자기 모습일까? 이 남자의 유아적인 모습은 어디서 기인한 것일까?

컬러테라피스트의 조언

이 사람은 사랑이 넘치고 타인을 잘 돌보는 자상함을 지니고 있다. 그런 만큼 자신 또한 사람들에게 많은 사랑과 관심을 받고 싶어 하는 핑크 컬러의 성향을 지니고 있다.

사실 사랑을 준다는 것은 사랑을 받고 싶다는 표현일 수도 있다. 이 남자의 경우 자신에게 관심을 주면 적극적으로 행동하지만, 자신에게 관심을 주지 않으면 마음을 닫는 모습을 보이고 있다.

핑크 컬러는 타인을 보호하고 보살피고자 하는 성향이 강한 만큼 의존성도 있어 본인도 늘 사랑받고 싶어 하는 모습을 보인다. 핑크 컬러의 부정적 성향을 가진 사람들은 애쓰지 않아도 이미 자신이 사람들로부터 충분한 사랑을 받고 있음을 인식하는 것이 중요하다.

컬러테라피스트의 액션 플랜

아침마다 거울을 보며 자신에게 "나는 사랑스러운 사람이다" "나는 행복한 사람이다" "나는 나를 가장 사랑한다"라고 말해보자. 누군가가 나에게 해주는 말보다 몇 배는 강한 효력이 있다. 이렇게 자주 나를 응원하고 아껴주자.

치유 포인트

◇ 사람들은 나의 어떤 점을 좋아할까요?

예시)

마감 시간을 어기지 않는 책임감 있는 모습

상대가 원하는 게 무엇인지 빠르게 알아채는 모습

어른들을 공경하며 먼저 다가가 살갑게 대하는 모습

◇ 나에게 힘이 되는 말을 써보세요. 그리고 필요할 때마다
추가해보세요

핑크는 남자아이를 상징하는 컬러였다?

1950년대 이전, 서양에서 핑크 컬러는 남자아이를 상징하는 컬러로 사용되었다. 1918년 〈더레이디스 저널〉에 의하면 핑크 컬러는 남자아이, 블루 컬러는 여자아이를 상징하는 컬러였다고 한다. 핑크 컬러의 강렬한 느낌이 남자아이에게 좀 더 적합하고, 블루 컬러의 부드럽고 앙증맞은 느낌이 여자아이에게 어울린다고 기록되어 있다.

당시 사진이나 그림 자료를 보면 대표적으로 아기 예수가 핑크색 옷을 입고 있다. 남자아이는 핑크색 리본을 했고 여자아이는 푸른색 액세서리를 착용하고 있다.

우리나라 역시 핑크 컬러가 남자의 컬러로 사용된 적이

있다. 조선 시대 초상화를 보면 핑크색 의복을 입고 기품이 느껴지는 표정과 자세를 취하고 있는 조상들을 볼 수 있다.

1930~1940년대를 거치며 핑크 컬러는 여자를 상징하는 컬러로 바뀌기 시작했다. 1953년 미국의 제34대 대통령 드와이트 아이젠하워의 취임식에서 퍼스트레이디인 그의 아내 매미 다우드 아이젠하워가 핑크색 옷을 입은 일화는 유명하다.

약산 강이오 초상

핑크

핑크로 화려함을 즐기다

세계적인 호텔 힐튼의 상속녀이자 미국의 연예인인 패리스 힐튼은 핑크 컬러를 사랑하는 대표적인 사람으로 알려져 있다. 그녀가 소유한 자동차 중 핑크 벤틀리는 패리스 힐튼의 트레이드 마크와 같은데 이 차의 로고를 보석으로 바꾸어 달 만큼 아끼는 애마로 알려져 있다.

'엑스레이티드'는 파티에서 많이 마시는 술이다. 여성의 몸을 형상화한 보틀 디자인에 핫핑크색 술로 눈길을 사로잡는다. 2005년 미국을 시작으로 일본, 캐나다, 유럽 등으로 수출되었고 2006년 미국 주류유통업자들이 선정한 올해 최고의 증류주Best New Spirit of the Year 중 하나로 선정

되었다.

　보석 중 핑크 다이아몬드는 호주의 아가일 광산에서 생산되는 게 가장 희귀하고 가치가 있다. 2013년 11월 13일 스위스 제네바에서 열린 '소더비 경매'에 나온 59.6캐럿의 핑크 다이아몬드, 핑크 스타는 보석 경매 역사상 가장 비싼 금액인 8천 3백 1십 8만 7천 3백 8십 1달러에 낙찰되기도 했다. 전문가들은 핑크 다이아몬드가 향후 10년 안에 고갈되리라고 전망하고 있다.

핑크 다이아몬드

핑크

사랑을 상징하는 핑크

스위스 교도소 중 교도소 내에서 폭력 사건 발생 빈도수가 가장 높은 페피콘 교도소는 과격한 행동을 하는 수감자들의 분노를 진정시키기 위해 교도소 벽을 핑크 컬러로 도배했다. 이후 분노 조절을 어려워하던 수감자들이 감정을 조절하는 모습을 보였다고 한다.

핑크 컬러는 체내의 신경 세포에 정보를 전달하는 물질인 노르에피네프린(노르아드레날린) 분비에 도움이 된다.

노르에피네프린은 정신적·육체적으로 스트레스 받을 때 방출되는데 신경계에 작동하는 혈관과 간 기능 및 기분조절에 영향을 미친다. 여기서 핑크 컬러는 공격적인 행동을 유발하는 호르몬을 억제하고 감정적으로 대응하지 않게 도와주는 역할을 한다.

핑크 컬러는 영화 〈그랜드 부다페스트 호텔〉에서 사람의 탐욕을 상징하는 컬러로 사용되기도 했다. 영화 〈그랜드 부다페스트 호텔〉의 내용은 다음과 같다.

1927년 세계대전 중 세계 최고의 부호 '마담 D.'가 그랜드 부다페스트 호텔에 다녀간 직후 의문의 살인을 당한다. 그녀는 가문 대대로 내려오는 가보인 명화 '사과를 든

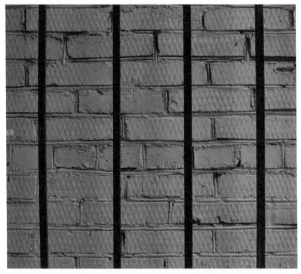

핑크색 벽의 교도소

소년'을 호텔 지배인이자 자신의 연인인 '구스타브'에게 상속한다는 유언을 남기게 된다. 마담 D.의 유산을 차지하려는 그녀의 아들 '드미트리'는 구스타브를 유력한 용의자로 지목하고, 구스타브는 자신의 결백을 증명하기 위해 호텔 로비 보이 '제로'와 함께 기상천외한 모험을 하게 된다.

실제로 부다페스트에는 '그랜드 부다페스트 호텔'이 존재하지 않는다. 영화의 대표적인 상징인 핑크 컬러의 호텔은 체코의 도시 카를로비 바리에 있는 '브리스톨 팰리스 호텔'에서 영감을 얻어 새롭게 창작한 결과물로 알려져 있다.

Violet

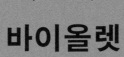

바이올렛

레드 컬러와 블루 컬러를 1대 1 비율로 섞은 2차색입니다.
반대되는 두 성향을 모두 포함하는 컬러이지요.
감성과 이성, 현실과 이상의 균형을 상징한답니다.
하지만 물질적인 것보다는 정신적인 것에
관심이 많은 컬러입니다.

갑작스러운 사고 때문에 슬픔에 빠진 사람

어느 평범한 오후, 갑작스러운 사고 소식을 듣게 되었다. 아빠가 교통사고를 당해 구급차에 실려 응급실로 향하는 중이라는 동생의 전화였다.

처음 소식을 들었을 때는 그냥 좀 다치셨나보다 정도로만 생각했다. 그래서 업무 일정을 조율하며 언제쯤 아빠를 뵈러 내려갈 수 있을까 생각하던 중에 다시 소식이 들려왔다. 아빠가 목뼈(경추)를 많이 다치셔서 상태가 심각하다는 내용이었다.

아빠의 나이는 이제 70대 초반이셨다. 그동안 열심히 일하셨으니 이제 좀 여유롭게 즐기고 쉬면서 남은 삶을 보내시면 되겠다고 생각하던 때에 갑자기 닥친 사고로 걷지도 못하고 먹지도 못하며 심지어 말하지도 못하고 침대에 누워 있게만 되신 거다.

아빠는 몸 어느 부분이 가렵거나 아파서 도움을 요청할 때마다 힘겹게 입을 움직이셨고 가족들 역시 아빠의 입모양에 집중하며 어렵게 의사소통했다. 아빠는 하고 싶은 말이 많았지만 가족들이 알아듣기 어려워하자 결국 나중에는 서로 말수가 줄고 점점 일상적인 대화는 할 수 없는 지경에 이르렀다.

우리가 할 수 있는 일은 고작 시간대를 맞추어가며 아빠의 자세를 조금씩 바꿔 주는 것, 눈을 맞추고 인사하는 것, 손과 발을 주물러 주는 것 정도였다.

힘들게 누워 계신 아빠 앞에서는 일부러 태연한 척하려 애를 썼고 식구들은 아무도 못 보게 각자 조용히 울고는 했다. 병문안을 와서 통곡하는 친척들을 보면 화가 나서 미칠 것 같았다. 누워 있는 사람의 입장은 배려하지 않고 자신의 감정에만 치우친 행동이라고 생각했기 때문이다.

그렇게 모든 가족의 생활 방식이 완전히 바뀌었다. 일하는 시간과 아빠를 보러 병원에 오는 시간으로 크게 나누어지며 개인적인 생활은 대부분 없어졌다. 다행히 시간이 지나면서 쇼크 상태였던 우리 모두의 마음이 조금씩 안정되는 듯했다.

하지만 긴 병에 효자가 없다고 했던가. 6개월이 지나고 8개월 그리고 1년이 되어가면서 못된 마음도 들기 시작했다. 언제까지 이렇게 살아야 하는지, 2년 3년이 넘어 이시간이 더 길어진다면 우리가 이 큰 비용을 감당할 수는 있을지, 언제쯤 끝이 날지, 우리가 끝까지 잘 버틸 수 있을지 등 온갖 생각이 다 들었다.

아빠에게 언제 무슨 일이 생길지 모른다는 걱정 때문에 장거리 출장이나 중요한 업무에 관한 약속은 점점 피하는 등 사회적 약속은 전혀 할 수가 없었다. 점점 행동력은 줄어들었으며 마음도 무언가 걸려 있는 듯 쪼그라들고 있었다. 우리는 지금, 어떻게 해야 하는 걸까?

컬러테라피스트의 조언

갑자기 닥친 일로 슬픔을 겪고 있을 때는 어떤 방법으로 이겨내야 할까? 분명 슬프고 힘든 일이지만, 그동안의 삶을 되돌아보기도 하고 반성하기도 하며 앞으로는 어떻게 살아가야 할지 고민하는 계기가 되기도 한다. 삶에 대해 기도하게 되고 궁극적으로는 영적 성장의 시간이 될 수도 있다.

바이올렛 컬러는 슬프고 힘든 시간을 이겨낼 수 있도록 부드럽고 포근하게 감싸주는 에너지가 있다. 지금 당장 해답을 주지는 않지만 이 순간을 버틸 수 있게 힘을 주는 컬러이다. 하늘이 무너져 내린 것 같은 어려움 속에서도 천천히 나아갈 수 있도록 우리의 발걸음에 안도와 평온을 넣어준다.

컬러테라피스트의 액션 플랜

지금 당장은 커다란 상실감에 앞이 캄캄하다고 느낄 것이다. 하지만 지금, 이 순간에 집중하며 숨을 크게 들이쉬고 천천히 내보내기를 3번 정도 반복하며 나의 호흡이 어디에 머무르는지 느껴보자. 순간순간 암담하다고 느낄 때마다 이처럼 호흡하면서 지금 내가 숨 쉬고 있음에 집중해보자. 조금씩 현실에 적응하며 앞으로 나아갈 힘이 생길 것이다.

치유 포인트

◇ 힘든 시간을 버티게 하는 나만의 방법은 무엇인가요?

예시)

괴롭고 슬픈 감정보다는 좋아질 것이라는 희망적인 생각에 집중한다

작은 일에 일희일비하기보다 삶 전체를 관통하는 포인트에
생각을 집중한다

앞으로 생길 좋은 일을 위해 지금은 준비하는 시간이라고 생각한다

◇ 나를 힘 나게 하는 것에 관해 써보세요. 그리고 필요할 때
마다 추가해보세요.

보라 공주가 된 사람

텔레비전에서 '보라 공주'라는 닉네임을 가진 사람에 관해 방송하는 것을 본 적이 있다. 옷, 구두, 가방, 액세서리 등 몸에 걸치는 건 모두 보라색인 말 그대로 보라 공주였다.

그녀의 보라색 사랑은 비단 복장뿐만이 아니었다. 그녀의 집 또한 보라색으로 가득 차 있었다. 보라색 현관문을 시작으로 냉장고, 식탁, 소파, 침대, 안마 의자, 화장대, 옷장, 화분 심지어 화장실 변기까지 보라색이었다.

일단 보라색이면 무조건 사기도 했지만 없으면 직접 보라색 페인트로 칠한다는 그녀는 방송 촬영 중에도 보라색 페인트로 소품들을 칠하고 있었다.

더 놀라운 점은 남편의 패션도 모두 보라색으로 맞추어 준비한다는 것이었다. 그 모습을 본 사람 모두 놀랄 수밖에 없었다. 그녀는 왜 보라 공주가 된 것일까?

그녀는 어린 시절을 독일에서 보냈다고 한다. 너무나 외롭고 낯선 이방인의 삶을 보내던 중 어느 날 하늘을 쳐다보니 무지개가 떠 있었다고 한다. 무지개 일곱 빛깔 중 가장 밑에 깔려 있는 보라색이 마치 자신처럼 느껴졌다고 한다. 가장 아래에 있는데도 너무 예쁘게 빛나는 보라색을 보고 '나도 나만의 색이 있지 않을까? 언젠가는 나도 저렇게 예쁜 색을 띠는 날이 오겠지?'라는 생각이 들었다고 한다.

그때부터 그녀는 보라색 아이템을 수집하기 시작했다. 그녀의 남편도 자상하고 섬세한 사람이라 길을 가다 보라색 물건이 보이면 사서 아내에게 선물한다고 했다. 그들이 출연한 방송은 방송을 통해 서로 간의 오해를 풀고 관계를 회복하는 게 목적인데 이토록 평안해 보이는 부부가 이 방송에 나온 이유는 무엇일까?

컬러테라피스트의 조언

바이올렛 컬러는 굉장히 신비로운 컬러이다. 과거 유럽에서는 귀족만이 사용할 수 있었던 컬러로 '고귀함' '화려함' '완벽함' 등을 의미한다. 바이올렛 컬러를 좋아하는 사람들은 예술적인 분야에 관심이 많으며 우아하고 품위 있는 삶을 추구한다.

바이올렛 컬러는 우리의 정신적인 부분을 활성화하여 원초적인 삶보다 이상적인 삶을 추구하도록 이끈다. 또한 우리가 추구하는 가치가 실제 현실과 차이가 클 때 느껴지는 괴리감을 치유하는 등 현실과 이상 사이의 균형, 감정과 이성 사이의 균형을 잡을 수 있게 힘을 주는 컬러이다.

보라 공주는 독일에서 이방인으로 지내야 했던 삶을 살아내느라 상처받고 힘들었던 때를 바이올렛 컬러로 치유하고 있다. 바이올렛 컬러를 통해 치유와 회복의 시간을 충분히 보내면 보라 공주도 변형과 성장으로 새로운 시기를 맞이할 수 있을 것이다.

컬러테라피스트의 액션 플랜

바이올렛 컬러를 좋아하는 사람 중에는 주변 사람들이 본인을 특이한 사람이라고 생각하는 경우가 많을 것이다. 나만의 개성은 무엇인지 생각해보자. 내가 가진 독특함을 인정하는 만큼 타인의 독창적인 생각도 이해하고 받아들여 보자.

나만의 틀에 갇혀 내 말과 내 루틴만이 옳다고 생각하기보다 타인과 같이 융화될 수 있도록 넓게 보며 마음을 열고 받아들여 보자. 그러면 당신의 생각을 이해하고 수용하는 사람 역시 점점 늘어날 것이다.

치유 포인트

◇ 내가 받아들여야 하는 주변 상황은 무엇이 있나요?

예시)

발등에 불똥이 튀어야 행동하는 남편

공감이 먼저인 나와 달리 해결이 먼저인 연인

사춘기와 중2병으로 자기 세계에 빠져버린 아이

◇ 주변 상황을 극복할 나만의 방법을 써보세요. 그리고 필요
할 때마다 추가해보세요.

바이올렛

————————

내 친구는 세상에서 자신의 엄마와 소통하는 것을 가장 힘들어한다. 친구는 자신과 달리 엄마가 모든 면에서 완벽하다고 생각한다. 50세가 넘어 영어를 배우기 시작한 그녀의 엄마는 이제는 자막 없이 외국 영화를 즐겨본다.

평일에는 일이 늦게 끝나도 항상 헬스장에 들러 2시간씩 운동하고 주말 아침마다 등산을 간다. 그녀가 말하는 엄마는 내가 들어도 완벽한 사람이었다. 하지만 그녀는 그런 엄마가 존경스럽다기보다 숨이 막혀 엄마로부터 도망가고 싶다고 말한다.

얼마 전 친구의 엄마를 뵌 적이 있었는데 굉장히 우아

한 말투로 미소를 지으며 반겨 주셨다. 60대라고 생각하기 어려울 정도로 건강 관리를 잘하고 계셨고, 집에서도 흐트러지지 않을 만큼 자기 관리도 철저하셨다.

이렇게 완벽한 엄마가 왜 숨 막히고 싫은지 그녀에게 물었더니 엄마가 딸인 자신에게도 그러한 모습을 강요하기 때문이라고 대답했다.

그녀는 애교가 많고 칭찬받는 게 인정받는 것이라고 생각하는 사람이다. 그래서 엄마에게 칭찬받으려고 열심히 공부했지만 시험 성적이 좋지 못하면 엄마는 위로보다 질책을 했고, 운동회에서 1등을 해도 칭찬하기보다 당연하게 여겼다고 한다.

그러다 보니 제대로 된 자존감을 갖지 못했다. 그래서 그녀는 의사결정을 할 때나 쇼핑을 하러 갈 때도 차라리 엄마가 대신 해주거나 함께 가는 게 마음 편하다고 한다. 그녀의 엄마는 왜 자식에게까지 본인처럼 행동하기를 강요하는 것일까?

컬러테라피스트의 조언

바이올렛 컬러는 블루 컬러와 레드 컬러가 섞인 색으로 생각하는 대로 실천까지 하는 성향을 가지고 있다. 친구 엄마의 완벽한 모습은 자신이 옳다고 생각하는 대로 행동하고 실천하는 바이올렛 컬러의 성향이다. 물론 바이올렛 컬러 성향의 사람이 모든 타인에게 완벽을 강요하지는 않는다.

하지만 가족 관계에서는 다르다. 바이올렛 컬러 성향의 사람은 자신이 생활하는 공간에서는 자신이 맞추어놓은 질서를 유지하려고 한다. 그래서 함께 생활하는 가족에게도 그 질서를 지키도록 강요한다. 친구의 엄마 역시 그러한 모습을 보이는 셈이다. 엄마와 다른 성향의 가족은 칭찬에 인색하고 완벽만을 추구하는 엄마의 모습이 숨 막히게 느껴질 수 있다.

컬러테라피스트의 액션 플랜

바이올렛 컬러는 이성과 감성을 다 가지고 있어 자신은 그 자체로도 완벽하지만 타인은 그렇지 않을 수 있다. 그러니 타인의 행동이 만족스럽지 않더라도 사소한 점부터 인정하고 칭찬해보자. 나와 다른 점을 칭찬하거나 가족끼리 사랑을 표현하는 연습을 해보자.

치유 포인트

◇ 가족이 나에게 원하는 모습은 무엇인가요?

예시)

늘 깨끗하게 정돈되어 있는 내 방

퇴근하면 문 앞에서 꼭 안아주기

신조어로도 대화가 통하는 아빠

◇ 가족을 칭찬하고 인정하는 표현을 써보세요. 그리고 필요
할 때마다 추가해보세요.

바이올렛, 또 다른 이야기

왕족의 컬러 바이올렛

보라색의 유래가 된 보라매

보라색의 어원은 몽골어이다. 고려 1231년은 몽골의 지배를 받던 시기인데 몽골의 풍습 중 하나인 매를 길들여 사냥하는 매사냥이 고려에서도 성행했다. 매의 앞가슴에 난 담홍색 털을 몽골어로 '보로boro'라고 불렀는데 이 단어에서 보라색이 유래되었다.

바이올렛 컬러는 보라색을 낼 수 있는 천연염료가 귀해 과거에는 왕족만 사용했지만 1856년 합성염료가 개발되면서 대중도 바이올렛 컬러를 사용할 수 있게 되었다.

또한 2012년 런던 올림픽에서는 시상대와 경기장 벽에 바이올렛 컬러가 사용되었고 엘리자베스 2세 여왕도 보라색 정장을 입고 올림픽에 등장했다.

바이올렛 컬러가 왕족의 컬러였음은 MBC 드라마 〈선덕여왕〉에서도 볼 수 있다. 최고 시청률이 44%를 기록할 만큼 인기 있던 이 드라마는 주인공 '덕만 공주'의 캐릭터보다 '미실'의 캐릭터가 더 돋보였는데, 미실이 휘두르는 권력과 그녀의 화려함이 바이올렛 컬러로 표현되었다.

신비함을 전달하는 바이올렛

치유의 능력이 있는 자수정

세계 6대 보석 중 하나이자 우리나라를 대표하는 보석인 자수정은 서양에서는 '2월의 탄생석'으로 대접받고 있다. 자수정은 신성한 색을 지닌 보석으로 매우 귀하게 여겨졌다. 바이올렛 컬러의 푸른빛은 하늘을 상징하고 붉은빛은 사람을 의미한다.

이 두 색이 잘 어우러진 자수정은 우주와 인간을 뜻하는 보석이다. 고대 전사들이 자수정을 최고의 보석으로 대우했던 이유는 전쟁터에서 다친 상처를 치료하고 기력을 회복하는 역할인 비상약의 기능을 했기 때문이다.

기(氣) 전문가 안중선 씨는 자수정 예찬론자로 자수정이 보석인지 치료제인지 헷갈릴 정도라고 말한다. 동양의 의학서적 중에는 자수정이 의약용으로 사용했다는 기록이 있다. 중국 의약서 『동의광물약전』에 따르면 자수정은 허약해진 심장을 강화하고 각종 진통과 염증을 치유하는 능력이 있다고 한다.

이러한 바이올렛 컬러의 신비로움은 보석뿐만 아니라 영화 〈아바타〉에서도 표현되었다. '판도라'라는 외계 위성이 배경인 SF영화 〈아바타〉에는 신에 대한 믿음과 이루고자 하는 소망을 간절하게 비는 장면 등에 경이로움과 신비감을 더하기 위해 바이올렛 컬러로 빛을 연출하였다.

바이올렛, 또 다른 이야기

3

세계는 왜 보라에 열광하는가?

신조어로 등재되지는 않았지만 K-pop 열풍에 관심이 있다면 한 번쯤 "보라해!"라는 말을 들어보았을 듯하다. BTS의 팬 혹은 아이돌 팬 문화를 주의 깊게 본 사람 역시 많이 들어본 말일 것이다. 그래서인지 BTS의 공식 컬러가 보라색이라고 알고 있는 사람이 생각보다 많다.

나 역시도 BTS 팬클럽인 아미의 공식 컬러가 보라색이라서 이런 말이 만들어진 줄 알았는데 아니라는 사실을 알게 되기까지 꽤 긴 시간 동안 착각하고 있었다. 보라색은 BTS의 공식 색이 아닌 "보라해!"라는 말을 사용하게 되면서 생기게 된 상징적인 색이었다.

그렇다면 이렇게 많은 사람을 착각하게 할 만큼 BTS에게 사용되고 있는 "보라해!"는 무슨 말일까?

"보라해!"라는 말은 BTS의 멤버 중 한 명인 뷔가 만들어낸 말이다. 2016년 팬클럽 3기 팬 미팅 공연에서 뷔는 팬들을 향해 이렇게 말했는데 그 뒤로 BTS의 팬 문화에서 보라색은 뗄 수 없는 상징 컬러가 되었다.

BTS의 상징 컬러 보라색

바이올렛

"빨주노초파남보 무지개에서 보라색이 마지막 색깔이잖아요. 보라색은 '상대방을 믿고 서로서로 오랫동안 사랑하자'라는 의미가 있는데요. 네, 제가 방금 지었어요. 근데 저는 그 뜻처럼 영원히 오랫동안 함께 이렇게 볼 수 있었으면 좋겠어요."

이후 보라색은 BTS가 세계 어느 나라의 도시에 공연하러 혹은 방문하게 되면 그들을 환영하는 의미로 각 도시를 상징하는 랜드마크를 비추는 보라색 조명 등으로 사용되고 있다.

차크라에서 정수리에 위치하는 바이올렛 컬러는 강렬한 에너지를 상징하는 레드 컬러와 차분하고 이성적이며 영적인 의미가 있는 블루 컬러를 혼합한 컬러로 '깊은 영성' '힐링' '행복' '봉사' '자신감' 등을 상징한다.

이탈리아 르네상스 시대를 상장하는 천재 레오나르도 다 빈치가 바이올렛 컬러에 관해 "명상의 위력은 고요한 성당의 스테인드글라스 창을 통해 들어오는 보랏빛 아래에서 열 배나 더 커질 수 있다"라고 말할 만큼 바이올렛 컬러는 깊은 영성을 지닌 컬러이다. 그만큼 보라의 에너지가 가득 차게 되면 자신감이 충만해지고 이 자신감이 자신의 영역에서 발휘된다면 명성을 얻을 수 있다.

또한 바이올렛 컬러 성향의 사람은 예술적 감각이 뛰어나고 고차원적 생각을 가지고 있기 때문에 같은 문제나 상황에서도 남들과 다르게 감각적으로 재해석하기도 한다.

BTS는 데뷔하자마자 빛을 본 그룹은 아니다. '방탄소년단'이라는 이름에서 벗어나 'BTS'라는 이름으로 활동하기 시작하면서 기존의 틀을 재해석하여 새로운 방식으로 자신들의 음악을 표현했기에 전 세계가 그들의 음악에 열광하는 것은 아닐까?

Black
White

블랙 & 화이트

블랙 컬러와 화이트 컬러 안에는 모든 컬러가 담겨 있습니다.
블랙 컬러는 물감으로, 화이트 컬러는 빛으로 모든 컬러를 담습니다.
그래서 블랙 컬러와 화이트 컬러는 서로 다르면서도 통한답니다.
또한 지금 당장 무언가로 두각을 드러내지는 않지만,
시작만 하면 어떤 것도 할 수 있는
무한한 잠재력과 힘을 상징하기도 하지요.

속
이
보
이
지
않
는
블
랙

친구가 집들이 선물로 블랙 컬러의 컵을 가져왔다. 요즘 유행하는 스타일인 너무나 시크하고 세련된 디자인이라 마음에 쏙 들었다. 식탁 위에 올려두면 내 식탁이 무심한 듯 스타일리쉬해졌다. 게다가 재질도 플라스틱이라 자주 쓰는 물컵으로 사용하기에 딱 좋았다. 그래서 한동안 이 컵으로 매일 물을 마시며 지냈다.

그런데 어느 날부터 그 컵에 물을 담아 마시든 음료수를 담아 마시든 그 어떤 것에도 아무런 맛이 느껴지지 않았다. 게다가 아무리 물을 마셔도 갈증이 해소되지 않는 듯한 느낌이 들었다.

또 컵 안에 물이 얼마나 남았는지 보이지 않아 매번 컵

안쪽을 주의 깊게 보아야 하는 것도 슬슬 불편해졌다.

그 이유는 불투명 플라스틱의 성질 때문이었다. 블랙 컬러에 흡수되어 어떤 액체든 색이 잘 드러나지 않았고 맛 역시 시각적인 자극이 없으니 지금 내가 마시는 게 시원한지, 부드러운지, 개운한지 등 맛을 음미하기가 어려웠다.

이렇듯 색을 흡수하는 블랙 컬러 현상은 사춘기 청소년에게서도 볼 수 있다. 사춘기 청소년들이 자신의 상태를 다른 사람들에게 드러내지 않은 채 말없이 존재하고 있는 모습을 보면 나는 블랙 컬러가 생각한다.

또한 겨울이 되면 청소년들이 단체로 블랙 컬러인 롱패딩 점퍼를 입고 거리를 활보하는 장면을 종종 볼 수 있다. 그렇게 무리 지어 다니는 청소년들은 그 어떤 외부의 자극에도 반응하지 않고 되려 주변의 반응들을 흡수해버린다. '우리를 건드리지 마!'라는 무언의 메시지인 셈이다.

또한 이러한 사춘기 청소년은 집에 오면 아무 말도 하지 않고 자신의 방에서 그냥 존재하는 것으로 살아 있음을 표현할 뿐 자신이 어떤 생각에 사로잡혀 있으며 어떤 상황에 놓여 있는지 드러내지 않는다. 집에서도 블랙이라는 컬러 속으로 숨어버리는 것이다. 블랙 컬러에는 어떤 심리가 포함되어 있을까? 블랙을 좋아하는 사람들의 심리는 무엇일까?

컬러테라피스트의 조언

블랙 컬러 안에는 모든 색이 포함되어 있기 때문에 그 자체로 힘을 드러낸다. 그래서 블랙 컬러는 자신이 어떤 컬러의 사람인지 드러내고 싶지 않을 때 방패막이로 사용하기 좋은 색이자 내가 약하고 부족하다고 느낄 때 블랙 컬러를 앞세워 나를 보호하기 좋은 색이다.

그리고 나를 드러내기 싫을 때도 블랙 컬러를 사용한다. 사람들 사이에서 튀고 싶지 않을 때나 나의 현재 상태를 보여주기 싫을 때 블랙 컬러 안으로 숨어들어 나를 감춘다.

블랙 컬러 안에 머무르고 싶어지면 잠시 그 안에 숨어 숨을 고르고 다시 나아갈 힘을 준비하는 시간을 가져도 좋다. 내가 어떤 힘을 모아야 하는지, 앞으로 어떤 것을 먼저 보여줄 것인지, 얼마만큼의 시간이 필요한지를 준비한 후 힘 있고 당당하게 시작하면 된다.

컬러테라피스트의 액션 플랜

한 번에 큰 힘을 발휘하기보다는 지금 할 수 있는 작은 것부터 행동으로 옮겨보자. 내가 지금 할 수 있는 것들을 리스트로 작성해보자. 모이면 얼마나 큰 힘이 되는지 볼 수 있을 것이다.

치유 포인트

◇ 이미 내가 가진 힘에는 무엇이 있나요?

예시)

1년 동안 실천할 수 있는 세부 계획이 있다

할 수 있다는 자신감이 있다

도움을 줄 수 있는 친구가 많다

◇ 다시 나를 힘내게 하는 것에는 무엇이 있는지 써보세요.
　그리고 필요할 때마다 추가해보세요.

눈물 속의 무지개,
모든 걸 비우고
다시 시작하는
화이트

컬러테라피스트로 열심히 활동하던 한 선생님이 어느 날부터 점점 말수가 줄어들기 시작했다. 통통 튀는 성격이라 적극적으로 의견을 내기도 하고 일에서도 자발적으로 잘 참여하던 사람이었는데, 어느 순간 의견을 내는 횟수도 줄어들고 점점 활동하는 횟수도 줄어들더니 급기야 마치 없는 사람처럼 조용해졌다.

나는 코로나19로 활동량이 줄고 아이들을 돌보는 데 집중하다 보니 그러한 것이라고 짐작만 했는데, 그녀의 말을 들어보니 생각보다 코로나19가 길어지기도 했고 집안에서 아이들과 오롯이 하루를 보내는 날도 길어지다 보니 자신이 사회와 단절되는 중이라고 느껴졌단다.

역시나 코로나19로 인한 오래된 무기력 때문이었다. 몇 달이 지난 후 드디어 세상 밖으로 나온 선생님은 환한 미소를 지으며 이렇게 말했다.

"제가 이번에 화이트 컬러의 눈물 속에 있는 무지개를 다 경험했어요. 처음 한두 달은 이러다 좋아지겠지 하며 휴가를 보내듯 시간을 즐기며 보냈어요. 그런데 여러 달이 지나도 상황이 좋아지지 않다 보니 사회 활동도 못 하게 되어 자존감이 바닥을 쳤던 거죠. 점점 나 자신을 탓하며 부정적으로 변하는 거예요. 나는 너무 머리가 나빠서 이렇게밖에 못 사는 것 같이 느껴져 너무 힘들더라고요. 어느 날은 유독 너무 지쳤는데 남편을 보는 순간 너무 눈물이 나는 거예요. 그렇게 한참을 울고 하소연했더니 갑자기 모든 것이 다 빠져나가는 기분이 들고 홀가분해졌어요! 지금은 다시 새롭게 모든 것을 시작하는 기분이에요. 이제는 다 잘할 수 있을 것 같아요."

이렇게 말하는 그녀는 내가 마지막으로 보았던 6개월 전보다 훨씬 밝아졌고 순수한 빛을 지닌 소녀의 모습처럼 변해 있었다. 그녀에게 눈물은 어떤 의미였을까?

컬러테라피스트의 조언

우리는 살면서 늘 어려움을 경험하게 된다. 화이트 컬러는 어려움으로 바닥 끝까지 치고 나면 다 비우고 다시 무언가를 시작할 수 있는 상태를 의미한다.

화이트 컬러에는 '순수' '정화' '무한한 잠재력' '눈물 속의 무지개'라는 뜻이 있다. 우리 안에 있는 모든 부정적인 것을 눈물과 함께 정화하는 존재가 바로 화이트 컬러로, 새로운 색을 입힐 수 있는 흰 도화지처럼 순수한 상태로 우리를 되돌려 놓는다. 내가 원하는 대로 다시 마음껏 칠할 새로운 기회가 오는 것이다.

컬러테라피스트의 액션 플랜

나를 힘들게 하는 내면의 부정적인 것들이 무엇인지 찾아내고 그것들을 정화할 방법을 찾아보자. 내가 할 수 있는 내 안의 능력을 하나씩 찾아보자. 사소한 것부터 커다란 것까지 모두 써 본 후 앞으로 어떤 꿈을 펼치고 싶은지도 생각해본다. 내 안의 무한한 잠재력을 발견하게 될 것이다.

치유 포인트

◇ 나의 잠재 능력에는 어떤 것이 있을까요?

예시)

육아로 잠시 내려놓았지만, 나는 나의 일을 언제든 다시 할 수 있다

나는 재미있고 흥미롭게 강의를 진행하는 능력이 있다

나는 사람들의 마음을 읽는 데에 능하다

◇ 새롭게 시작할 힘을 주는 것에는 무엇이 있는지 써보세요.
그리고 필요할 때마다 추가해보세요.

어둠 속의 대화

〈어둠 속의 대화〉는 빛 한 점 없이 아무 것도 보이지 않는, 오직 어둠만 있는 공간에서 100분간 흥미롭고 즐거운 경험을 할 수 있는 전시이다.

1988년 독일 프랑크푸르트에서 안드레아스 하이네케 박사Dr. Andreas Heinecke에 의해 시작되어 지금도 유럽, 아시아, 미국 등 전 세계 32개국 160개 지역에서 1200만 명 이상의 사람과 소통하며 끊임없는 변화와 도전을 거듭하고 있다.

우리나라에는 2010년 신촌에서 처음 개관되었고 2014년 북촌으로 이전했는데 지금까지 한국에서만 누적 관람객

이 약 45만 명으로 전 세계 연간 누적 관람객 순위 3위를 기록하고 있다.

모든 전시 과정은 완전한 암흑 속 공간에서 100분 동안 전문 로드 마스터의 인솔하에 이루어진다. 전시를 통해 어둠에 관한 개개인의 경험과 기억을 토대로 무의식 속에 여러 가지 감정을 끄집어낸다. 창의성을 발현하게 되기도 하고 두려움을 마주하기도 한다.

전시 시작 단계에서 관람객은 서서히 빛이 사라지는 경험을 하게 된다. 그리고 어느 순간에는 완벽하게 빛이 차단된 암흑의 상태에 놓이게 된다. 아무것도 보이지 않는 상태가 되면 사람은 갑자기 공포를 느낀다.

'발을 뗄 수 있을까?' '앞으로 걸어갈 수는 있을까?'라는 두려움을 느끼고 있을 때 로드 마스터의 목소리가 들린다. "오른손으로 벽을 터치하면서 천천히 걸어가세요" "앞 사람의 등을 터치하면서 의지하세요" 등의 안내에 따라 조금씩 앞으로 걸어간다.

100분이라는 시간 동안 나의 시각은 전혀 쓸모없게 되고 청각과 촉각, 그리고 후각을 발휘하며 보낸다. 눈에 보이는 것은 아무것도 없지만 꿈을 꾸듯 상상의 세계를 여행한다. 일상에서는 대수롭지 않게 앉았던 평범한 의자를 아주 세심하게 느끼며 천천히 행동하게 된다. 그동안 우리에게 빛이 얼마나 큰 역할을 하고 있었는지를 절실히 깨닫는 시간이 된다.

어둠 속 여행이 주는 또 하나의 경험은 함께하는 사람과의 관계이다. 서로 의지하고 배려하는 과정을 통해 함께하는 것에 관한 소중함을 깨닫게 되고 상대에 대한 절대적인 신뢰를 경험하기도 한다.

'내 옆에 믿을 수 있는 사람이 있구나' '나는 혼자가 아니니까 괜찮아' '옆에 있는 사람을 믿고 따라가면 돼!' 등의 믿음과 의지를 느끼게 된다. 내 옆에 있는 사람이 얼마나 나를 배려하고 소중하게 생각하는지를 나의 모든 세포가 깨닫게 된다. 나는 혼자가 아니고 내 가족과 친구들이 함께 살고 있다는 사실에 감사함과 안도감이 몰려온다.

어둠 속 여행을 통해 눈에 보이는 대로 보고 판단했던 사고의 틀이 깨지고 새로운 시각이 생성된다. 어둠 속 공간의 여행이 마무리될 즈음 마지막 공간인 카페에 도착하는데 그곳에서 카페 매니저가 새롭게 등장한다. 당시 나와 일행은 무언가를 속닥이고 있었는데 카페 매니저가 우리를 향해 "거기 두 분은 서로 할 말이 많은가 봅니다"라고 말했다.

그 순간 기분이 안 좋아진 우리는 "우리는 전혀 보지 못하는데 저 사람은 우리를 보며 지금 어설프게 행동하고 있다고 우습게 생각하겠다"라고 중얼거렸다.

카페에서 음료를 주문하고 테이블에 앉아 100분의 여행을 마무리하는 시간을 가졌다. 로드 마스터의 마무리 멘트를 듣는 순간 나는 쥐구멍에라도 들어가고 싶은 심정이 되었다. 100분간 우리를 안내했던 로드 마스터와 카페 매니저가 시각장애인이라는 사실을 알게 되었기 때문이다.

그날 이후로 나는 다짐했다. '절대로 보이는 것에만 집중하지 않으리라!' '더 많이 겸손해지리라!' '생각과 말을 하기 전에 한 번 더 생각하리라!'라고 말이다.

블랙 컬러는 우리를 원점으로 돌아가게 하는 힘이 있

다. 원점으로 돌아가 모든 것을 새롭게 경험하게 만든다. 시각을 사용할 수 없는 블랙 안에서는 그동안의 편견과 경험은 사용할 수 없다.

하지만 우리는 그 어떤 것이든 다 느낄 수 있고 또 모든 것을 표현할 수 있게 된다. 특정한 컬러에 관한 우리의 경험과 인식을 버리고 시작하기 전의 단계로 되돌리기 때문이다. 그래서 블랙 컬러는 모든 것을 수용하고 표현할 수 있는 잠재력을 상징한다.

다이애나 비의 '복수의 드레스'

내가 가장 빛나야 할 순간을 위한 예고편, 리틀 블랙 드레스

영국 왕실 계승 1순위인 찰스 왕세자가 본인의 불륜을 국민 앞에서 공개적으로 인정한 날, 그의 아내 다이애나 비가 입고 나타난 블랙 미니드레스에는 '복수의 드레스'라는 별명이 붙었다. 영국 왕실의 복장 규정을 모두 위반한 의상이었기 때문이다.

　　블랙 컬러는 힘과 세련됨을 상징해 자신을 드러내지 않고도 위엄을 지키는 색이다. 우리는 사람들 속에서 튀고 싶지 않을 때 혹은 힘이 있어 보이고 싶을 때 블랙 컬러의 옷을 입는다. 내가 이곳에 있지만 여기 있음을 드러내고 싶지 않을 때는 모든 색을 다 포함하는 블랙 컬러로 나 자신을 가린다.

　　그리고 '내 안에는 모든 것이 담겨 있어. 그래서 나는 무엇이든지 할 수 있는 힘이 있어!' 하며 나의 힘을 드러내고 싶을 때는 블랙 컬러를 사용해 나를 드러낸다. 만약 당신이 권위 있는 사람처럼 보이고 싶다면 블랙 컬러의 옷을 입으면 된다.

　　또한 블랙 컬러는 지금 당장 어떤 행동을 하기보다 앞으로를 위해 무언가를 준비하며 힘을 모으는 상태를 나타낸다. 그래서 차분히 때를 기다리며 천천히 움직이고 싶을 때 활용하면 좋은 색이다.

다이애나 비가 블랙 미니드레스를 입고 대중 앞에 나타난 건 '지금은 내가 힘이 없어서 어찌할 수 없지만 나는 힘을 모으고 있어. 나의 힘을 드러낼 시간이 언젠가는 올 거야'라며 복수의 칼날을 갈고 있음을 표현한 것이었다.

블랙 컬러를 좋아하는 사람은 예술적 재능이 있고 남에게 간섭받는 것을 싫어하는 경향이 있다. 자기 의사가 뚜렷하고 주위에 좌우되지 않는 강한 면을 가지고 있다.

하지만 부정적인 성향으로는 냉담함이나 비탄, 소극성 등이 있으니 감정적으로 우울한 날에는 절대로 피하는 것이 좋다.

화이트, 또 다른 이야기

모든 빛을 품는 화이트

화이트 컬러는 빛의 모든 색을 포함한다. 겨울에 내리는 눈은 겉으로 보기에는 차갑지만 땅을 보호하고 보존하는 역할을 한다. 그래서 따뜻한 봄이 되면 겨우내 눈이 품었던 생명이 힘차게 자라나기 시작한다. 그래서 화이트 컬러에는 '시작'이라는 의미가 있다.

화이트 컬러를 좋아하는 사람은 완벽주의와 완전함을 추구하기를 좋아한다. 감정의 변화가 크지 않으며 보수적인 기질을 갖고 있기도 하다. 반면 완벽성을 추구하다 보니 결벽증이 있는 냉혹한 인간이라는 오해를 받기도 한다.

일반적으로 화이트 컬러는 환희, 기쁨 등 긍정적인 감

PRIMARY COLORS

빛의 3원색

정을 표현할 때 사용된다. 화이트 컬러 성향의 사람은 이성
적이고 신뢰할 수 있는 평온함을 가지고 있다. 이들은 어느
한 쪽으로 기울지 않기 위해 공정하고 일관적임을 보여주
고자 노력한다.

하얗게 세어가는 머리카락은 사람이라면 노화와 죽음
을 피할 수 없음을 의미한다. 중국 북경 지방에서는 20세기
초까지도 아기가 태어나면 건강을 기원하기 위해 하얀 달
걀을 준비했다고 한다.

우리나라 사람을 '백의민족'으로 부르기도 했는데 중
국의 『삼국지위서동이전』 등의 문헌에 따르면 부여와 신라
사람들이 흰색 옷을 즐겨 입었다는 내용이 있다.

블랙&화이트

최선남의 『조선상식문답』에 따르면 조선 민족은 예로부터 태양을 하느님으로 알고 자신들을 하느님의 자손으로 믿었다고 한다. 그래서 태양의 광명을 표현하기 위해 흰색 빛을 신성하게 여겼고 흰색 옷을 자랑삼아 입다가 결국에는 온 민족이 흰색 옷을 입는 풍습이 생겼다고 한다.

암시 효과를 주는 화이트

19세기 유럽에서는 청결한 이미지를 위해 건물 외벽을 하얗게 칠했다고 한다. 화이트 컬러는 무균과 위생을 상징하기에 병원에서도 화이트 컬러를 자주 볼 수 있다.

화이트 컬러의 에너지는 어려움을 겪고 있는 사람들에게는 우둔함을 극복하고 자신의 프레임에 갇혀 있는 것을 벗어날 수 있도록 도와준다. 평온함과 순수함을 키워주고 평정심을 유지할 수 있게 돕는 에너지도 가지고 있다. 게다가 모든 빛을 아우르기에 다양함을 인정하고 받아들이는 데 도움이 되는 컬러이다.

또한 우리는 관리 업무나 전문화된 각종 사무 분야에

종사하며 정신적·지적 노동을 수행하는 노동자를 '화이트 칼라'라고 부른다. 비슷한 의미로 '화이트 해커'도 존재하는데 컴퓨터와 온라인의 보완점을 연구 및 개발하여 악의적인 해킹을 하지 못하도록 대응 방안을 마련하는 전문가를 지칭한다.

이처럼 화이트 컬러는 긍정적이고 심리적 안정감을 주는 의미로 많이 사용되고 있다.

심리적 안정감을 주는 화이트 컬러

.

Green

그린

옐로우 컬러와 블루 컬러를 1대 1 비율로 섞은 2차색입니다.
자연, 균형, 휴식, 힐링의 상징성을 지닙니다.
마음 속 독소를 정화하고
휴식 공간을 가져다주기도 하지요.

혼돈 속에서 헤매는 사람

　어느 날 갑자기 찾아온 그녀는 무언가 서툴러 보이고 불안해 보이는 사람이었다. 말을 할 때는 늘 알아듣기 어렵게 우왕좌왕 바쁘고 호흡도 빠르다. 무슨 말을 하려는 건지 귀를 쫑긋하며 집중해야만 한다.

　중간중간 질문을 하며 말하고자 하는 의도를 뽑아내야 할 때도 있다. 그냥 듣기만 하면 말의 핵심을 놓치고 한없이 곁가지를 치며 이야기가 산으로 가기 일쑤다. 그녀의 말을 듣고 있다 보면 '참 마음이 여리고 착한 사람이구나' '상처받은 경험이 많구나'라고 생각하게 된다.

　우선 말을 정신없이 우왕좌왕하는 이유는 무엇인지 생

각해본다. 자기가 할 말을 정확히 하는 습관이 부족할 수도 있다. 자신의 의견을 명확히 말하지 못하는 이유는 나의 말이 타인에게 피해를 줄 수도 있다고 생각해 주변을 지나치게 배려하거나 살피기 때문이다.

이러한 패턴이 반복되다 보면 하고 싶은 말은 많은데 간결하고 명확하게 표현하지는 못하기에 많은 말을 하게 되면 상대가 알아듣기 어렵다.

또한 그녀는 의사 표현을 할 때도 자신의 의견을 주장하기보다 타인의 의견에 따라 자신의 의견도 자주 바뀐다. 이게 좋다고 했어도 옆 사람이 별로라고 하면 자신도 바로 별로라고 말을 바꾼다. 옆 사람이 이게 더 좋지 않으냐고 하면 자신도 그게 더 좋다고 또 말을 바꾼다.

어디에 가면 무엇이 좋고 어떤 것이 더 낫다는 추천은 잘하지만 누군가와 함께 시간을 보낼 때는 자신이 하고 싶은 것이나 먹고 싶은 것에 관해 제대로 주장하지 못한다. 함께 있는 사람이 무엇을 좋아하고 싫어하는지를 살피고 계속 눈치를 본다.

게다가 그녀는 말할 때 자꾸 한숨을 쉰다. 어떤 이야기를 꺼낼 때 기쁘고 즐거운 이야기보다는 힘들고 상처받은 이야기를 더 많이 한다. 나와 그녀는 컬러테라피 관련 일로 만났지만 이제는 개인적인 일로 만날 때가 더 많아졌다. 하지만 그녀에게 나는 여전히 컬러테라피스트인가 보다. 나만 보면 항상 힘든 이야기부터 꺼낸다.

이러한 패턴이 반복되다 보니 나도 그녀를 더는 만나고 싶지 않아졌고 매번 그녀와 헤어질 때마다 이제 개인적인 만남을 그만해야겠다고 마음을 먹는다. 그런데 시간이 지나면 나 또한 그녀가 잘 지내는지, 그때 헤어질 때 내가 너무 매몰차게 말하지는 않았는지 하며 걱정이 된다.

나는 그녀에게 어떤 사람이었을까? 그녀는 또 내게 어떤 존재인 걸까?

나와 그녀 사이를 이어주는 컬러 이슈는 무엇일까 생각하다 보니 그린 컬러가 떠올랐다. 그린 컬러의 부정적인 성향 중에는 '경계 짓기' '혼란' '집착' '인간관계 문제' 등이 있는데 그녀는 지금 혼란 속에 빠진 것이다.

혼란 속에 빠진 사람은 자신의 마음과 타인의 마음이 어떻게 자리해야 하는지 알지 못한다. 자신의 마음인지 타인의 마음인지 구별하지 못한다.

그린 컬러의 부정적 성향을 가진 사람이라면 자신이 갖고 싶은 것이나 좋아하는 것을 소유하는 방법을 알아야 한다. 내가 가질 것과 타인이 가질 것에 관한 경계를 익혀야 한다. 그 경계가 무너질 때 집착이 되기 때문이다.

또한 내 공간으로 가져올 것과 타인의 공간에 있어야 할 것에 관한 구분도 필요하다. 이러한 훈련이 되지 않은 채 누군가와 관계를 맺으면 주변 사람들이 힘들어진다.

그러니 그린 컬러의 긍정적인 성향인 '균형' '공간' '디톡스' '평화' '힐링'의 에너지를 얻는 훈련을 꾸준히 하자. 자신의 마음이 지금 무거운 상태인지 가벼운 상태인지 늘 체크해보는 습관을 들이는 것도 좋다.

컬러테라피스트의 액션 플랜

인간관계에서 내가 표현하고 싶은 감정을 글로 써보자. 상대에게 어떤 말이 하고 싶은지 노트에 써 내려가다 보면 정리된 언어로 소통하기 쉬워질 것이다.

　이렇듯 내 감정을 외부로 표현하게 되면 마음이 가벼워져 특정 대상에 관한 집착이 줄어든다. 부정적인 내용보다는 긍정적인 내용으로 말하는 습관을 키워보자. 주변의 호감도가 높아질 것이다.

치유 포인트

◇ 인간관계에 집착하지 않는 나만의 노하우가 있나요?

예시)

동아리, 취미 활동 등 다양한 일정을 세워 바쁘게 움직인다

내가 지금 할 일이 무엇인지 정리한다

마음속 감정을 글로 써 본다

◇ 내가 느끼는 부정적인 감정을 긍정적으로 표현해 써보세
요. 그리고 필요할 때마다 추가해보세요.

숨
바
꼭
질

한 번은 남편 때문에 고민이라는 여성이 찾아왔다. 자신은 어린 아들만 셋인데, 셋 다 말 그대로 왈가닥에다 천방지축이란다. 치우고 돌아서면 어질러져 있고 개구쟁이답게 온종일 지칠 기색조차 보이지 않는다고 했다.

속상한 점은 자신은 이렇게 힘들게 아이들을 돌보다 보면 하루가 어떻게 지나가는지도 모르는데 남편은 퇴근 후 본인의 서재로 들어가면 함흥차사라고 한다. 아이들을 목욕시키거나 아니면 함께 씻기라도 하면 좋겠는데 그마저도 돕지 않는다고 했다.

서재에서 끌고 나와도 곧장 배가 아프다며 화장실로

들어가서는 30분이 지나도 나오지 않는다고 한다. 그래서 무엇을 하는지 문을 열어보면 그저 변기에 가만히 앉아 유튜브로 야구 경기 영상을 보거나 다른 영상들을 보고 있단다. 아들이 4명인 것 같아 숨이 막힌다고 말하는 여성의 얼굴은 얼핏 보아도 너무나 지쳐 있음이 느껴졌다.

연애할 때도 만나면 자상했지만 헤어진 후 집에 가거나 일할 때면 연락이 잘되지 않았다고 한다. 주말에도 가끔 연락되지 않을 때가 있긴 했지만 항상 자신은 나만의 시간이 필요하다고 이야기했단다. 그래서 결혼하면 항상 같이 있으니 괜찮으리라 생각했다고 한다.

하지만 결혼한 후에도 여전히 남편은 자신만의 시간을 가지려고 하고 육아는 뒷전이라 너무 힘들다고 했다. 자신이 육아 우울증이 온 것인지 힘든 육아로 예민해진 것인지는 모르겠지만 지금 너무 지쳐 힘들다고 말했다.

의외로 컬러테라피 상담을 하러 오는 사람 중에는 이러한 비슷한 상황으로 힘들어하는 분이 많다. 공동생활에서 함께 해야 할 상황이 생겨도 개인적 시간이나 공간에 집착하는 사람도 내담 사례 중 많이 있다.

이들에게 나만의 공간과 시간은 대체 어떤 의미이기에 상대방을 힘들게 하면서까지 집착하는 걸까?

컬러테라피스트의 조언

사람은 저마다 각자의 방식으로 휴식을 취한다. 어떤 사람은 친구들과 수다를 떨면서 스트레스를 해소하기도 하고 누군가는 잠을 자면서 에너지를 보충하기도 한다. 사람 사이에서 에너지를 얻는 사람도 있지만 혼자 조용히 에너지를 충전하는 사람도 있다.

그린 컬러의 성향이 있는 사람 중에는 사람을 편안하게 하는 에너지가 있어 주변에 사람이 많거나 자신에게 상담을 요청하는 사람이 많을 수 있다. 그렇다 보니 자신의 에너지를 지나치게 쓰게 되는 일이 많다. 사람의 이야기를 듣는 일은 절대 쉽지 않다. 그 사람이 원하는 답변은 무엇일지, 이 이야기의 핵심은 무엇일지 생각하면서 들어야 하기 때문이다.

그린 컬러는 관계, 생활, 습관 등에서 안정감을 느낄 수 있도록 심신 안정에 도움을 준다. 또한 사람 혹은 상황으로 인해 소실되고 상처 입은 에너지를 치유하는 힘이 있다.

가슴이 답답하거나 머리가 복잡할 때 산에 오르거나 가까운 공원에 가 피톤치드 향을 맡으며 천천히 걷다 보면 기분이 상쾌해지는 것도 이러한 이유 때문이다.

컬러테라피스트의 액션 플랜

가슴이 답답하다고 느껴진다면 가까이 있는 산을 오르거나 공원을 거닐어보자. 누군가와 함께하기보다는 혼자 조용히 걸으며 사색을 즐기는 편이 더 도움이 된다.

외출하기 어려운 상황이라면 식물을 키워보는 것도 좋다. 눈으로는 식물의 싱그러운 초록빛 색을 즐기고 코로는 식물이 내뿜는 시원한 향을 맡으며 마음을 달래면 마음이 훨씬 가벼워짐을 느낄 수 있을 것이다.

치유 포인트

◇ 휴식을 위한 나만의 공간이 있나요?

예시)

시끄러운 시간대를 피한 조용한 카페에서 즐기는 커피 한 잔의 여유

널부러져 있을 수 있는 편안한 소파

커피 한 잔 들고 찬찬히 걸을 수 있는 동네 공원

◇ 안정감을 느낄 수 있는 나만의 행동이 있다면 써보세요.
  그리고 필요할 때마다 추가해보세요.

혹시 '횰로족'이라는 신조어를 들어보았는가? 오픈 사전에도 등재된 말로 싱글 라이프를 의미하는 '나 홀로'와 나의 행복을 가장 중시하며 현재를 즐기는 모습을 의미하는 '욜로YOLO'의 합성어이다. 즉 사람들과의 관계에서 벗어나 나만의 인생을 즐기는 사람들을 의미하는 말이다.

많은 사람이 사람과의 관계 속에서 웃기도 하고 울기도 하며 즐겁기도 하지만 지치기도 한다. 사람이라면 관계에 관한 고민을 끊임없이 하게 된다. 그러다 보니 자연스럽게 SNS에 빠지게 되고, 보이지 않는 누군가에게 끊임없이 내 삶을 보여주게 된다.

많은 현대인이 SNS에 내가 오늘 누구를 만났는지, 무엇을 먹었는지, 어디를 갔는지 등을 보고하거나 일기를 쓰듯 포스팅을 올린다. 그러다 보니 울거나 화내는 부정적인 모습보다 잘 지내고 있는 듯한 모습을 더 많이 올린다.

현실의 나는 그렇지 않지만 SNS 속의 나는 꽤 잘 사는 사람처럼 보인다. 서툴고 실수투성이였던 날에도 SNS에는 현명하고 지혜로운 날로 바꾸어 올린다.

요즘 사람들은 오늘의 나에 더 큰 가치를 두기에 나를 신경 쓰고 꾸민다. 그렇다 보니 자연스레 미래에 가치를 두기보다 오늘 즐거운 내가 되길 희망하게 된다.

우리나라는 예전부터 품앗이와 같이 공동체 성향을 중요하게 생각했다. 그래서 많은 사람이 혼자 되는 두려움을 갖고 있었고 어딘가에 소속되어 안정감을 찾고자 했다. 대표적인 예가 바로 '결혼'이었다.

하지만 이제는 결혼보다 비혼을 선택하는 사람이 늘어나고 있고 회사에 소속되어 일하기보다 프리랜서로 홀로서기를 선택하는 사람도 늘어나고 있다. 이러한 모습은 그린 컬러의 성향에서도 찾아볼 수 있다. 내 공간, 내 시간, 내 영역의 경계를 통해 나만의 시간이 필요한 것이다.

예전에 보던 드라마에서 이런 대사가 나온 적이 있다.

주인공이 말하길, 자기 친구 중 한 명은 여행지에서 만난 사람들은 다시 볼 일이 없기에 비밀을 말할 수 있어 자주 배낭여행을 간다고 했다.

요즘 현대인은 많은 사람과 어울려 살지만 막상 자신의 마음을 고스란히 드러내고 사는 사람은 얼마나 될까?

말하기 싫어서 혹은 말했다가 상처가 되어 돌아올까 봐 또는 말하면 상대가 더 힘들어할까 봐 등 많은 이유로 마음속에 많은 이야기가 묻혀 있는 사람이 많을 듯하다.

하지만 그렇게 계속 마음속에 이야기를 묻어두어도 괜찮은 걸까?

컬러테라피스트의 조언

그린 컬러에는 '마음의 평화' '안정감' '균형' '화합'과 같은 인간관계에 관한 긍정적인 메시지가 담겨 있다. 이를 반대로 뒤집으면 이러한 관계로 인한 스트레스로부터 경계를 그어 나를 보호하는 역할을 하기도 한다. 타인으로부터 나를 보호하고 공동체로부터 나를 해방시키며 내 공간을 만들어 안정감을 주는 것이 바로 그린 컬러의 또 다른 매력이다.

그린 컬러의 성향이 있는 이들은 나만의 공간과 시간을 만들어 치유의 시간을 갖는 것을 좋아한다. 이때 강제로 밖으로 나오도록 한다면 자신의 공간과 시간을 침해당했다고 생각할 수 있다. 자신만의 시공간 안에서 치유가 되었다면 스스로 나올 테니 느긋하게 기다려주자.

컬러테라피스트의 액션 플랜

어릴 적 장롱 속에 숨어본 적이 있는가? 무섭다는 기억을 떠올리는 사람도 있겠지만 생각보다 아늑하다고 느꼈던 사람도 있을 것이다. 내가 몸을 기대었을 때 가장 편했던 곳, 안전하다고 느꼈던 곳이 어디인지 생각해보자. 그리고 그 공간에서 가만히 있어 보자.

치유 포인트

◇ 나만의 비밀 이야기가 있나요?

예시)

반려인 몰래 숨겨둔 액자 뒤의 비상금

스트레스가 쌓이면 차 안에서 혼자 큰 소리로 노래를 부른다

먹는 것에 비해 살이 잘 찌지 않아 보이지만 남몰래 하루 한 시간씩
하는 홈트

◇ 나를 편안하게 하는 장소나 시간이 있다면 써보세요. 그리
고 필요할 때마다 추가해보세요.

그린

나 혼자서도 잘 지낸다

　　여전히 코로나19가 기승을 부리는 요즘, 부모가 아이와 함께 컬러테라피 상담을 하러 오는 경우가 많다. 무슨 문제가 있다기보다 고립된 상황을 조금이라도 벗어나고 싶다는 의미로 오는 듯하다. 자녀 중에는 대학생이 많았는데 상담하며 재미난 말들을 들을 수 있었다.

　딸) "방학이라 너무 좋아요!"
　상담사) "쉴 수 있어서?"
　딸) "학교에 가지 않아서 좋은 것도 있고 거리 두기로 친구들을 안 만나도 되는 지금이 좋아요!"

어머니) "너 친구들 좋아하잖아. 나가면 들어오라고 해도 안 들어오면서!"

딸) "친구들 만나면 즐겁지. 근데 피곤해. 안 만나고 싶을 때도 있고 집에서 쉬고 싶을 때도 많은데 안 가면 다음날 애들 대화에 낄 수 없고 무언가 따돌려지는 것 같기도 하고 억지로 간다기보다 거절하기 힘들어서 갈 때가 많은 것 같아."

그 말을 듣고 나는 저 나이 때에 어땠는지 생각해봤다. 10~20대를 돌아보면 나는 친구들이 너무 좋았다. 첫 직장이 제주도였는데 휴가를 받아 부모님 댁에 가면 휴가 내내 친구들하고 보내다가 가기 일쑤였다.

지금이라면 휴가라고 말하지 않고 집에서 쉴 것 같은데 그때는 왜 그랬을까 생각해보면 에너지도 넘쳤지만 친구들 사이에서 배제되는 느낌이 싫었던 것 같다. 친구들 없으면 못 살 것 같았던 그때를 다시 돌이켜보면 친구가 없으면 못 살 것 같다는 생각보다 내가 어딘가 소속되어 있고 싶은 노력이었을 듯하다는 생각이 든다.

이 대학생도 그랬던 것 같다. 친구들의 모임에 가지 않으면 내 소속이 사라지고 친구 사이에서 배제될 것 같은 불안감 때문에 사람과의 사이를 경계 짓지 못하는 모습을 보이는 것 같다.

이럴 때 방학은 학교에 가지 않는다는 의미 이상으로 자신에게 쉼이 되는 유일한 기간이 아니었을까 생각한다. 그래서 나는 어머니에게 이렇게 말했다.

상담사) "따님은 그린 컬러의 성향이고 지금은 자신에게 치유의 시간을 주는 거라 걱정하지 않으셔도 됩니다. 아이가 혹여 방에만 있다고 억지로 아이를 꺼내려 하지 마시고 혼자만의 시간을 충분히 주시면 좋을 듯해요. 에너지 충전이 다 되면 <u>스스로</u> 나와 어머니와 이야기도 하며 즐겁게 보낼 테니까요."

컬러테라피스트의 조언

그린 컬러 성향의 사람은 평화주의자라 인간관계에서 스트레스를 많이 받는 편이다. 갈등이 생기는 것을 불편해하기 때문에 중재자의 역할을 하다 보니 본인이 그저 참거나 거절하지 못해 상대에게 끌려다니는 경우가 발생한다.

또한 사람을 좋아하면서도 사람을 싫어한다. 예를 들면, 그린 컬러 성향의 사람은 유독 모임 갖기를 좋아하고 즐긴다. 모임 자체가 즐겁기도 하지만 자신이 없는 모임에서 무슨 이야기를 하는지 궁금해서 모임에 참여하는 경우도 많다.

하지만 사람들 속에서 사용된 에너지가 많아 집에 오면 지치기도 해 스트레스가 극에 달하면 자신에게 휴식의 시간을 줌으로써 스스로 치유하려 한다.

컬러테라피스트의 액션 플랜

자신이 유독 지치는 관계가 있는지 생각해보자. 그리고 왜 불편한지, 왜 에너지가 금방 없어지는지 이유를 찾아보자.

상대방에게 맞추어야만 해서는 아닌지, 다른 사람들이 나를 어떻게 생각할까 눈치를 보고 있는 건 아닌지 생각해보고 선택과 집중이 필요한 관계가 무엇인지를 정리해보도록 하자. 인간관계가 훨씬 가벼워질 것이다.

치유 포인트

◇ 사람들에게 스트레스받았을 때 어떻게 푸나요?

예시)

욕조에 좋아하는 입욕제를 풀어 반신욕을 한 뒤 잔다

코인노래방에 가서 큰 소리로 노래를 부른다

다음 날 근육통이 걱정될 정도로 격렬하게 운동한다

◇ 인간관계에 지친 나를 위로하는 방법을 써보세요. 그리고
   필요할 때마다 추가해보세요.

그린, 또 다른 이야기

1

초록은 왜 자연을 뜻하는 걸까?

초록을 뜻하는 영어단어 'Green'은 앵글로색슨어 'Grown'에서 유래되었다. 'Grown'은 '자라다, 커지다'라는 뜻으로 푸르게 자라난 풀이나 덤불 혹은 나무를 연상하게 하듯 자연과 깊은 연결고리가 있다.

프랑스의 작가 미셸 파스투로 Michel Pastoureau는 중세까지만 하더라도 그린 컬러가 자연과 아무런 연관이 없었다고 주장한다. 오히려 그린 컬러를 악마의 색으로 인식하여 사탄과 마녀의 얼굴색으로 사용하고는 했다.

그러다 1969년 미국의 만화가 론 콥 Ron Cobb이 그린 컬러와 옐로우 컬러, 블루 컬러를 활용해 '생태'를 상징하는

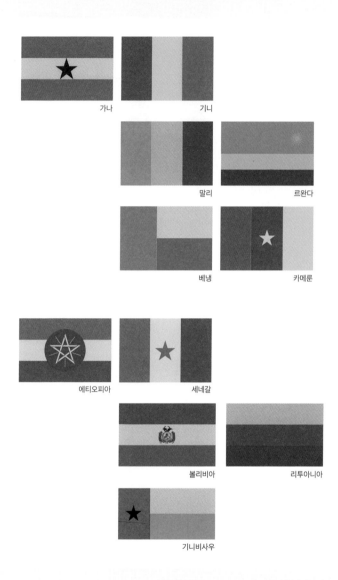

가나   기니

말리   르완다

베냉   카메룬

에티오피아   세네갈

볼리비아   리투아니아

기니비사우

자연과 친숙한 땅임을 알리는 아프리카의 여러 나라 국기

로고를 만들었는데 이 로고가 로스앤젤레스의 지역 신문에 공개되었다. 그때부터 그린 컬러는 자연을 상징하는 컬러가 되어 자연과 관계를 맺는다는 의미로 사람들이 연상하게 되었다.

이러한 그린 컬러의 의미는 1970년 캐나다 환경보호 활동가들이 모여 만든 단체인 DMWCDon't Make a Wave Committee의 활동에서도 나타나게 되었다.

미국의 핵실험을 막으러 떠날 때 그들이 탔던 배의 이름이 생태를 상징하는 그린 컬러와 평화를 뜻하는 영어단어의 조합인 'Green Peace'였기 때문이다. 이후 그린 컬러는 환경과 관련된 마케팅에도 많이 활용되기 시작했다.

예를 들면, 맥도날드 로고가 그 대표적인 예시이다. 소비자들에게 맥도날드가 친환경 브랜드라는 이미지를 심어주기 위해 2009년 레드 컬러였던 배경색을 짙은 그린 컬러로 바꾸었다.

그 외에도 오리진스, 아베다처럼 자연을 떠올리는 브랜드에서는 어김없이 그린 컬러를 통해 이미지 마케팅에 힘을 쏟았다. 이처럼 그린 컬러는 평온, 자연, 휴식, 진정의 의미로 사용되고 있다.

자연과 친숙한 그린 컬러는 유독 아프리카에 있는 나라

대부분 국가에서 자주 볼 수 있는데 이는 그린 컬러에 농업과 밀림을 뜻하는 의미가 들어 있기 때문이다.

아프리카 국가들의 국기가 가진 또 다른 특징 중 하나는 레드 컬러, 옐로우 컬러, 그린 컬러를 기본 색상으로 하는 삼색 줄무늬 도안이 많다는 점이다. 이 3가지 색을 '범아프리카 색'이라고 부르기도 하는데 이는 에티오피아의 국기에서 유래되었다.

아프리카 대륙에서 식민 지배를 받지 않는 유일한 나라였던 에티오피아는 신생 독립국가들이 자신들의 국기를 만들 때 참고할 대표적인 예시가 되었다. 그래서인지 아프리카 국가들의 국기를 보면 색이나 배열 등이 서로 비슷한 경우가 많다.

흑인들의 여행 가이드북 'Green Book'

천재 피아니스트 돈 셜리와 그의 운전사 토니 발레롱가의 감동적인 실화를 담은 영화 〈그린 북Green Book〉은 1962년 당시 아직 인종차별이 만연했던 미국 남부 지역으로 흑인인 돈 셜리가 순회공연을 떠나기 위해 백인인 토니 발레롱가를 운전기사로 채용한 후 『그린 북』에 의존해 투어를 시작하는 이야기를 담고 있다.

영화 〈그린 북〉은 단순히 인종차별을 고발한 영화가 아니다. 인종 분리 정책과 짐 크로법이 존재하던 1960년대 미국에서 발생한 다양하고 미묘한 이슈를 담담하게 보여준다. 여기서 그린 컬러는 온갖 수모와 끔찍한 일을 숨 쉬듯

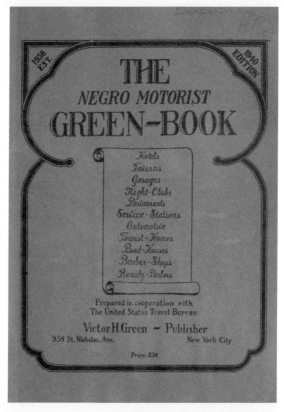

1936년부터 1966년까지 발간되었던 『흑인들을 위한 여행 안내서』
(The Negro Motorist Green Book)

겪고 있는 흑인들이 간절하게 원했던 평화와 중립, 희망과 평온을 상징한다.

또한 그린 컬러는 미국에서 발급되는 영주권을 지칭하는 이름에도 쓰인다. 초기 영주권은 1940년 외국인 등록법으로 흰색 카드가 발행되었는데, 제2차세계대전 이후 미국에 합법·불법 이민자가 급증하자 합법 이민자와 불법 체류자를 구분하기 위해 그린 카드가 발급되기 시작했다.

왜 많은 색 중 그린 컬러였을까? 가장 큰 이유는 그린 컬러가 꿈과 희망을 뜻하기 때문이었다. 하지만 계속 늘어나는 영주권 위조와 변조를 막기 위해 1964년 영주권은 블루 컬러로 바뀌었고 오늘날 영주권은 핑크 컬러이다. 하지만 여전히 국내외적으로 미국의 영주권 카드는 그린 카드라고 불리고 있다.

비상구에 숨겨진 비밀, 그린을 찾아 탈출하라!

어느 건물에서든 볼 수 있는 비상구 불빛은 왜 수많은 색 중 그린 컬러일까? 그린 컬러는 어두운 곳에서 가장 눈에 띄는 색이다. 우리 눈은 밝은 곳에서는 레드 컬러에 민감하지만 어두운 곳에서는 명암을 감지하는 세포가 활성화되기 때문에 그린 컬러를 민감하게 받아들이게 된다.

또한 그린 컬러는 차갑지도, 뜨겁지도 않은 중성의 컬러로 사람의 마음을 편안하고 침착하게 한다. 일상에서 사용되는 레드 컬러가 주로 '긴급' '위험' '금지'와 같은 의미로 사용되는 반면 그린 컬러는 '안전' '구급' '구호'와 같은 의미로 사용되고 있다.

위급 상황에서 사람들이 안전하게 탈출할 수 있게 돕는 비상구 마크

이에 따라 비상구 역시 그린 컬러를 사용하여 비상시에 사람들이 안전하고 침착하게 탈출할 수 있도록 안내하고 있다.

또한 그린 컬러는 병원에서도 많이 사용된다. 수술하다 보면 의료진들이 환자의 피에 많이 노출되고 수술실 조명 또한 수술 부위가 잘 보이도록 최대한 밝게 켠다. 강한 조명 아래에서 붉은색 피를 계속 보고 있으면 가시광선을 인식하는 원추세포가 피로를 느끼게 된다.

이때 흰색 가운을 입고 수술하면 레드 컬러와 보색 관계인 그린 컬러가 잔상으로 남아 눈을 보호하려고 한다. 하지만 이 잔상은 의료진의 시야를 혼란스럽게 하여 집중력을 떨어뜨린다. 그래서 이러한 잔상이 남지 않도록 수술실에서는 초록색 가운을 입는 것이다.

4

초록색 하면 떠오르는 '소주병'

증류주인 소주는 빛에 영향을 받지 않기에 투명한 병에 담겨도 맛이 변하지 않는다. 그래서 처음에는 소주병이 투명했다고 한다. 하지만 현재 출시되고 있는 소주병들을 보면 담금주용을 제외한 대다수 소주병이 초록색이다.

이는 1990년대 초반에 출시된 초록색 병에 담긴 소주가 대히트를 쳤기 때문이라고 알려졌지만 실은 가공이 필요 없고 추가적인 염료 비용이 들지 않아 제작 비용이 가장 저렴한 색이 초록색이었기 때문이지 특별한 이유는 없다.

소주 업계 관계자들은 2010년경 소주병 디자인을 하나로 통일하는 '공병 공용화 협약'을 추진했고 이후 재활용이 가능한 소주병을 판매하게 되었다.

　그런데 한 업체가 진행한 블라인드 테스트(사람들이 얼마나 색에 영향을 받는 지에 관한 실험) 결과가 재미있다. 사람들은 투명한 병과 초록 병에 담긴 소주가 같은 소주인데도 투명한 병의 소주가 더 독하다는 반응을 보였는데, 이는 차크라에서 간을 담당하는 컬러가 바로 그린 컬러였기 때문인 듯하다. 초록색 병을 보면서 술을 마시면 술을 마시면서도 간이 해독된다고 느낀다고 하니 컬러의 힘이 새삼 대단하다 싶다.

마시면서 간이 해독된다고 느끼게 만드는 초록색 소주병

Blue

블루

1차색 중 하나로 하늘과 바다를 표현하는 색입니다.
하늘의 신비로움과 바다의 시원함을 에너지로 발산하며
언제나 같은 자리를 지키는 믿음을 상징하는 컬러이자
맡은 일을 끝까지 완수하려는 책임감의 컬러랍니다.

기 센 그 녀 의
연 애 고 충

한 여성의 하소연을 들어보자.

"이 남자가 처음에는 나를 만나기 위해 친한 언니를 통해 자연스럽게 자리를 마련했었어요. 그 뒤에도 나를 위해 아주 세세하게 준비한 후 데이트했고, 만날 때마다 온 신경이 나에게 집중되어 있음을 느낄 수 있었어요. 매일 메시지와 안부 전화를 하고 일정 확인도 수시로 하면서 데이트 날짜를 잡았었고요. 나에게 선물하려고 신상 신발도 주문했다고 했어요. 그런데 연애 기간이 길어질수록 점점 달라지고 있어요. 주문했다는 신상 신발은 사이즈가 없다고 하면서 선물로 주지도 않고 메시지랑 안부 전화도 줄어들고 데이트 약속도 이제는 미리 하지 않아요. 다른 사람들은 여전히 연인에게 공주처럼 대접받으며 잘만 연애하는데 왜 나는 연애를 잘 못 하는 걸까요? 또 나도 경제적으로 어려운데 사람들은 내가 여유로운 줄로만 알아요. 그래서 자꾸 나에게 밥을 사달라 무엇을 해달라 하며 다들 나에게 의지하려고만 해요. 나는 왜 이럴까요? 너무 힘들어요."

그녀의 이야기를 들으며 나는 이 여성의 의사 표현에 문제가 있음을 지적했다. 그녀는 다른 사람에게 자신이 하고 싶은 일, 자신이 가고 싶은 곳, 자신이 편한 시간 등을 먼저 표현하지 않았다. 그저 "나는 괜찮아, 네가 하고 싶으면 그렇게 해"라고 말하며 상대방이 하자는 대로 너무 많은 배려를 하고 있었다.

이렇게 연애를 지속하면 상대는 '여자친구는 뭐든지 다 괜찮다고 하니까'라고 생각하며 연인을 너무 편안하게만 여겨 마음을 내려놓아 처음과 같은 긴장감이 없어지게 된다. 하지만 여자친구로서는 남자친구가 처음과 달리 나에게 신경을 쓰지 않는다고 느껴져 서운하게 생각한다. 그녀의 연애, 이대로 괜찮은 걸까?

블루

컬러테라피스트의 조언

"난 안돼." "난 못해." "때려치워." "치사해서 못하겠어." "그 냥 내가 하고 만다."

모두 기 센 여자들의 입에서 많이 나오는 대사들이다. 그녀들은 책임감이 강하고 어떤 일이든 본인에게 맡겨졌다 면 군말 없이 척척 완수한다.

남에게 폐 끼치는 것을 극도로 싫어하고 남성에게 의지 하는 것을 자존심 상해한다. 상황이 아무리 힘들어도 도움 요청을 하는 게 어렵다. 남들에게 도와 달라고 말하는 것 자 체가 자존심 상하는 일이기 때문이다. 남자에게 도움을 요청 하는 게 나약한 의존이라고 생각한다. 그래서 아무리 어려운 일이 닥쳐도, 도움을 받으면 쉽고 빠르게 해결될 문제도 혼 자 끙끙대며 끌어안고 이겨내려고 한다.

이러한 성향은 연애에서도 발휘된다. 남성이 알아서 해 주길 바라는 마음과 자신이 귀찮은 존재가 되고 싶지 않은 마음에 상대에게 자신의 의견이나 취향을 말하지 않는다.

이러한 관계를 지속하면 상대에게 서운함이 쌓이게 된 다. 다른 이들의 연애와 비교하며 자신이 대접받지 못하고 있는 것에 관해 억울함을 갖게 된다. 그래서 자신의 의견을 말하는 훈련이 필요하다.

컬러테라피스트의 액션 플랜

사소한 것이라도 말하는 습관을 키우자. 아무리 가까운 사이라 해도 자신이 무엇을 원하는지, 어떤 상황인지 등을 말하며 자기주장을 해야 한다. 참지 말고 자신의 의견을 말하자. 아무리 사소해도 표현해야 오해가 생기지 않는다. 매일 한 가지씩 내 생각과 내 주장을 말로 표현하는 훈련을 해보자.

치유 포인트

◇ 다른 사람에게 가장 말하고 싶은 내 생각과 요구사항은 무
  엇인가요?

예시)

마감일이 촉박해지면 급하게 처리하지 말고 사전에 미리 계획대로
했으면 좋겠어!

어지럽히지 말고 쓴 물건은 제자리에 가져다 놔!

난 조용히 혼자 있고 싶어!

◇ 표현하고 싶은 내 생각과 주장을 써보세요. 그리고 필요할
  때마다 추가해보세요.

게으르다고 구박받는 사람

　오늘도 "아이고~ 이렇게 게을러서 밥은 해 먹고 사니?"라는 엄마의 잔소리가 시작된다. 내가 고치려고 노력해도 잘 안되는 게 바로 '게으름'이다. 퇴근하고 집에만 오면 나의 몸은 떡처럼 늘어진다. 혼자 있거나 일정이 없을 때는 침대와 한 몸이 되기 일쑤이다. 밥을 챙겨 먹는 것도 귀찮아 아무것도 하기 싫고 한없이 늘어진다.

　예전에 부모님과 살 때 엄마가 설거지를 시키면 나만의 타임 리밋을 정해 놓고 그때까지 놀았다. 그 모습을 본 엄마가 잔소리를 하면 곧 모녀간의 전쟁으로 이어졌다. 나만의 계획이 다 있었는데 그것을 엄마가 이해하지 않으려고 생각했기 때문이다. 지금 생각해보면 나는 계획이지만 누군가에게는 게으름을 부리는 것으로 보였을 것이다.

예를 들면, "오늘 쉬는 날이네! 12시까지 늘어지게 침대에 있다가 일어나서 밥 먹고 쉬다가 4시쯤 청소해야지"라고 하는 내 모습을 보면 누군가는 "왜 이렇게 게을러? 지금 바로 하면 되는 거 아냐?"라고 할 수도 있다. 하지만 나는 왜 내가 세운 계획을 부정적으로 말하며 간섭하려 하는지 이해할 수 없다. 그런 이야기를 들으면 하려고 생각해도 하고 싶지 않아진다.

가끔 이런 내 모습을 후회할 때도 있다. 바로 해야 할 일을 미루었을 때다. 나는 계획이 있다고 말하지만 정작 해야 하는 일 앞에서는 한없이 미루게 된다. 그러다 보면 더는 미룰 수 없는 상황까지 몰리고 발등에 불똥이 떨어진 것처럼 마음이 급해져 무서울 정도의 집중력을 보인다.

재미있는 점은 한 번도 기한을 어긴 적이 없다는 것이다. 미루고 또 미루지만 해야 한다는 책임감이 중압감으로 와서 해내야 한다는 의지로 에너지를 올리기 때문이다. 그리고 다음에는 반드시 미리미리 하겠다고 다짐하지만 또 나는 일을 미루고 있다. 이런 청개구리 심리, 어떻게 해야 나아지는 걸까?

컬러테라피스트의 조언

게으름은 블루 컬러의 성향 중 하나이다. 책임감이 강한 블루 컬러 성향의 사람은 업무시간에 모든 에너지를 집중한 긴장 상태로 일하기 때문에 스트레스가 심한 편이다.

그래서 개인적인 시간이 되면 모든 것을 내려놓게 된다. 생각도 비우고 몸도 쉬고 싶어 한다. 이때 타인의 이야기는 그들의 쉼에 방해만 될 뿐이다.

또한 무슨 일이든 완벽하게 끝내야 한다는 책임감도 그들의 피로도에 한몫한다. 그래서 일을 시작하기가 쉽지 않기도 한다. 주변 사람 중에 업무를 볼 때와 다르게 일상에서는 게을러 보이는 사람이 있으면 방해하지 말고 쉴 수 있도록 배려해야 한다. 블루 컬러 성향의 사람이 부리는 게으름은 그들이 힐링하는 방법이기 때문이다.

컬러테라피스트의 액션 플랜

가끔 실수해도 괜찮다고 나를 다독여 보자. 미루는 것만이 답은 아니다. 미루고 또 미루었지만 결국 해냈다는 데에 의의를 두겠다는 변명보다는 실수해도 괜찮고 인정받지 못해도 괜찮다고 자신을 다독이며 긴장 상태를 풀어보는 것이 필요하다.

치유 포인트

◇ 긴장을 푸는 나만의 방법은 무엇인가요?

예시)

시간이 날 때마다 조용히 눈을 감고 생각을 비운다

내가 좋아하는 뮤지션의 노래를 듣는다

유튜브에서 재미있는 클립 영상을 본다

◇ 나는 어떨 때 긴장하고, 그 긴장을 푸는 나만의 방법은 무엇인지 써보세요. 그리고 필요할 때마다 추가해보세요.

칼 같은 사람

정리정돈에

그녀의 집을 방문할 때마다 내 머릿속에는 '심플' '깔끔' '단정' '실용' '세련'이라는 단어가 떠오른다. 집안은 불필요한 것 없이 정말 필요한 것들로만 채워져 있다. 어쩜 이리도 깨끗할 수 있느냐며 모두 탄성을 지른다.

그녀는 이사할 때마다 새 거실에 맞게 소파와 테이블을 다시 산다. 모든 공간에 딱 맞는 가구를 넣고 각을 맞추어 정돈한다. 낡은 주방은 타일까지 하나하나 직접 골라 새로운 공간으로 탈바꿈시킨다. 그 공간에 필요한 것들만 남기고 나머지는 지인들에게 나눔하거나 다 처분한다.

어느 날은 그녀가 내 집에 놀러 온 적이 있는데 우리

집 주방 싱크대 위에 올려져 있던 주방용품 각각을 모두 수납장 안으로 넣어 재배치해주었다. 공간이 훨씬 더 넓어 보이고 정돈된 시야 덕분에 내 마음도 여유로워졌다.

이를 통해 나는 그녀의 평소 습관을 짐작할 수 있었고 내가 조금만 부지런히 움직이면 우리 집도 깔끔하게 정리할 수 있음을 깨달았다.

실은 나도 그녀처럼 물건이 어지럽게 널브러져 있는 모습을 싫어하는 사람이다. 내 집보다 정돈이 덜 된 집을 방문하면 불편하고 답답함을 느끼곤 한다.

그런데 그녀는 그 정도가 나보다 배는 더 강한 듯하다. 심지어 아이가 과자를 먹다가 부스러기를 조금만 흘려도 당장 닦으라고 훈육한다. 옆에서 보면 조금 민망하기도 하지만 어찌 생각하면 어릴 때부터 제대로 바른 생활 습관을 가르친다는 생각에 놀랍기도 하다.

그러한 그녀의 질서정연함은 인간관계에서도 나타난다. 생색을 내거나 표현하지 않고 정말 마음으로 나누고자 한다. 주변인들에게 폐 끼치는 것을 싫어하기 때문에 하나를 받으면 둘은 주어야 한다. 타인의 감정에 공감하는 말은 잘하지 못하지만 꼭 필요한 도움은 말 없이 준다.

일반적으로 "문제가 생기면 여자는 공감하려 하고 남

자는 해결하려고 한다"라고 말하는데, 그녀는 문제 해결에 더 능하다. 그녀의 이러한 사고방식 때문에 가끔 주변 여성들은 "왜 걔는 다른 사람의 감정은 무시한 채 뜬금없는 말을 늘어놓는 거야? 정말 이해하기 힘들어!" 하며 그녀를 오해하곤 한다. 이런 오해는 어떻게 풀어야 하는 걸까?

블루

컬러테라피스트의 조언

블루 컬러는 신뢰, 신의, 책임감, 이성, 평화를 상징한다. 블루 컬러 성향인 사람은 자기 생각이나 감정을 세세하게 표현하지 않는다. 할 일이 많으면 힘들다고 내색하기보다 할 수 있다고 생각하며 끝까지 완수한다.

질서정연하고 조용한 것을 좋아하기 때문에 생활 공간이나 업무 공간이 항상 잘 정돈되어 있다.

이러한 블루 컬러 성향은 타인과의 관계에도 영향을 준다. 외향적이고 활달한 사람은 블루 컬러 성향의 사람과 관계를 맺을 때 아주 사소한 것도 항상 표현하려고 하기에 블루 컬러 성향인 사람이 가진 조용함이 답답하기만 하다.

그러니 블루 컬러 성향의 사람은 말하지 않으면 아무도 자신의 소리를 들을 수 없음을 기억하면 좋겠다.

컬러테라피스트의 액션 플랜

머릿속에서 맴도는 말을 입 밖으로 소리 내어 말하는 훈련을 꾸준히 하자. 특히 "그래?" "그랬구나" 등의 공감하며 맞장구치는 말들을 연습하면 좋다. 간단한 공감의 말 한마디로 상대의 마음을 위로하게 될 것이다.

치유 포인트

◇ 평소 말하지 못한 나만의 이야기를 하는 방법을 찾아볼까요?

예시)

오늘 내가 미처 하지 못한 말을 일기로 작성한다

주기적으로 카운슬러를 만난다

말하기 편한 표현부터 연습한다

◇ 내가 말로 표현을 잘하지 못하는 이유를 써보세요. 그리고 필요할 때마다 추가해보세요.

블루, 또 다른 이야기

느린 커피 '블루보틀'

'커피계의 애플'이라고 불리는 블루보틀 커피는 이름처럼 파란 병 모양의 심플한 로고가 인상적인 스페셜티 커피 전문점이다.

미국 캘리포니아 오클랜드에서 고객 맞춤 커피 로스팅 사업으로 처음 시작되었는데 그러다 1주일에 한 번씩 열리는 파머스 마켓에서 핸드 드립 커피를 판매하기 시작했다.

당시에는 한 번에 많은 양의 커피를 내려놓고 파는 방식으로 커피를 판매했었는데 블루보틀 커피는 그러한 방식과 달리 정성 들여 한 잔씩 내려주는 슬로우 커피로 입소문이 나기 시작했다.

블루보틀 컴퍼니의 창시자 제임스 프리멋은 클라리넷을 연주하는 음악가로 활동했는데 2002년 퇴직 후 커피 사업을 시작했다. 그는 평소에도 커피 드립 장비를 가지고 다닐 만큼 커피를 사랑하는 사람이었다.

샌프란시스코 매장과 뉴욕 매장 오픈, 급격히 성장한 온라인 판매를 거쳐 2017년에는 스위스의 식품 제조 기업 네슬레가 한화 4천 9백억 원에 지분 68%를 사들였다고 한다. 현재는 전 세계에 86개 지점을 보유하고 있고 기업 가치는 8천억 원에 달한다고 전해진다.

우리나라는 2019년 성수동에 블루보틀 커피 1호점이 오픈되었는데 당시 블루보틀 커피를 마시기 위해 3~4시간이나 줄을 서야 했고 너도나도 인스타그램에 인증샷을 올리는 열풍을 일으키기도 했었다.

블루보틀 커피가 사람들에게 인기 있는 이유가 무엇인지는 블루 컬러의 심리로 설명할 수 있다. 블루 컬러는 군더더기 없이 심플하고 세련된 성향을 지닌다. 블루보틀 커피의 로고는 그 어떤 부수적인 설명도 필요 없이 파란색 병 모양만 시크하게 존재한다. 떠들썩한 설명이 없이 간단명료한 핵심만 표현한다.

블루 컬러의 또 다른 성향은 바로 신뢰이다. 블루보틀

커피는 로스팅한 지 48시간 이내의 커피콩만 사용한다. 그래서 커피의 신선한 향을 우리에게 선사할 수 있는 것이다. 커피 내리는 속도는 느리고 요란한 광고도 하지 않지만 믿음과 확실함을 준다는 점에서 블루보틀의 성공 비결을 찾을 수 있다.

파란 병 하나로 신뢰와 믿음을 선사하는 블루보틀 커피

2

마리 로랑생이 가장 좋아한 컬러, 블루

프랑스의 여성 화가 마리 로랑생Marie Laurencin은 블루 컬러야말로 세상에서 가장 세련되고 고급스러운 컬러라고 말하며 자신의 그림에 자주 사용했다.

2018년 예술의 전당에서 마리 로랑생의 특별전이 열렸을 때 나는 컬러테라피 전시 특강을 맡게 되어 마리 로랑생의 작품들을 여러 차례 살피며 그녀의 생애를 공부했다.

그녀의 작품 중 품위 있고 고급스러운 자태로 블루 드레스를 입고 있는 여성의 초상화가 있는데 그 초상화 속 주인공은 바로 마리 로랑생의 가정부 수잔이었다.

가정부의 초상화를 어쩜 저렇게 우아하고 귀품 있는

사람처럼 보이도록 표현했는지 의아했다. 그래서 마리 로 랑생의 생애로 들어가 보니 특별한 스토리가 있었다.

마리 로랑생은 가정부였던 어머니와 유부남이었던 아 버지 사이에서 사생아로 태어나 자랐는데 아버지로부터 어 머니와 자신의 존재를 인정받지 못한 채 버려졌다. 마리 로 랑생은 어머니와 자신을 버린 아버지 때문에 남자에 관한 위화감이 생기게 되었고 평생 홀로 살면서 스스로가 어머 니에게 가장 역할을 하며 살았다고 한다.

마리 로랑생의 사랑이 남겨진 프랑스의 미라보 다리와 푸른 하늘

어머니께서 돌아가신 후에는 가정부 수잔과 함께 생활했는데 수잔은 마리 로랑생을 위해 헌신하며 그녀의 생활과 작품 활동을 꼼꼼하게 보살폈다. 마리 로랑생의 친구들마저도 그녀와 연락하기 위해서는 수잔을 통해야만 가능할 정도로 밀접하게 마리 로랑생을 돌보았다고 한다.

이러한 수잔을 마리 로랑생은 자신의 양녀로 입양했고, 그녀가 죽은 후 남겨진 권리는 수잔이 갖게 되었다.

고급스러운 블루 드레스를 입은 수잔의 초상화를 통해 블루 컬러에 관한 마리 로랑생의 심리를 해석할 수 있다. 여성에게 블루 컬러는 남성과의 문제를 드러낸다. 마리 로랑생이 겪은 아버지에 관한 불신이 블루 컬러에 관한 집착으로 나타난 것이다.

블루 컬러는 남성에 대한 위화감과 불신을 치유하는 힘이 있다. 마리 로랑생은 아버지의 역할을 대신해 가장으로 살아왔다. 블루 컬러는 책임을 뜻한다. 마리 로랑생이 살면서 느꼈던 책임감이 얼마나 무거웠을지 짐작할 수 있는 포인트이다.

마리 로랑생이 블루 컬러를 좋아했던 또 하나의 이유는 바로 수잔에게서 찾을 수 있다. 마리 로랑생 옆에는 아버지도, 다른 남자도 없었다. 그 자리를 채워준 사람은 수잔

블루

이었다.

수잔은 마리 로랑생이 작품 활동을 할 수 있도록 작품 활동 외 모든 일을 도맡으며 마리 로랑생에게 믿음을 주었기 때문에 수잔의 초상화를 마리 로랑생 자신이 가장 사랑한 컬러이자 치유의 컬러였던 블루 컬러로 그렸다고 볼 수 있다.

Yellow

옐로우

1차색 중 하나입니다.
아이처럼 순수하고 맑은 느낌의 컬러이지요.
그래서 웃음, 천진난만함, 호기심, 재치 등을
상징하는 색으로 알려져 있어요.
새로운 것에 관한 호기심도 많아서
무엇이든 배우는 걸 좋아한답니다.

숨겨왔던 나의 자아

이제 일흔이 되신 내 어머니 이야기다. 차분한 목소리에 말의 속도가 여유 있고 말수가 많지 않은 전형적인 한국 어머니의 상이다. 표현은 적지만 "엄마가 우리보다 두뇌 활동이 더 활발해!" "엄마가 세계사에 저렇게 관심이 많고 책 읽기를 좋아하시는 줄 미처 몰랐어!"라고 자녀들끼리 말할 만큼 세계사와 예술에 관심이 많고 기억력도 좋으셔서 가족들이 가끔 놀라기도 한다.

성격이 급하고 가부장적인 남편과 자녀들의 뒷바라지를 불평 한마디 없이 묵묵히 해나갔던 사람이다. 그러던 어느 날 남편이 병환으로 세상을 떠나자 어머니는 혼자만의 삶을 이어 나가게 되었다. '나이 든 엄마가 지방에서 홀로 잘 지낼 수 있을까?' 자식들은 오랜 세월 남편의 그늘에서 남편이 이끄는 대로 살아온 어머니께서 앞으로는 주도적으로 살아갈 수 있을지에 관한 걱정이 가장 컸다.

하지만 결과는 의외였다. 동네 친구들과 취미 활동도 하시고 점심 모임도 자주 하시며 혼자 아주 잘 지내고 계신다. 자신이 하고 싶은 일, 여성으로서 치장하고 꾸미는 일에 관해 한 번도 의사 표현을 하지 않았던 어머니의 모습이 아니었다.

이제는 딸들이 권하는 옷차림새, 메이크업, 쇼핑 등을 한 번도 거절하지 않고 모두 즐기기 시작했다. 자신이 원하는 것을 하나씩 표현하기 시작했고 과감히 돈을 쓰기도 했다. 그런 어머니의 모습에 자식들은 당황스럽기까지 했다.

어머니는 순수한 아이의 표정으로 자신의 강점을 뽐내기도 했다. 그런 엄마의 자립심이 처음에는 자식들에게 안도감을 주었지만 시간이 흐를수록 가끔 짜증스럽게도 했다. 어머니는 그 오랜 시간 어떻게 저 자존심을 누르고 살았을까? 저렇게 고집이 센데 어떻게 한 번도 표현하지 않으셨을까? 저토록 자기주장이 강하신 분인데 그동안 어떻게 참았던 걸까?

컬러테라피스트의 조언

그녀의 강한 에고^{ego}는 그동안 어디에 숨겨져 있었던 걸까? 품위 있고 지혜롭던 어머니의 모습 뒤에는 자신을 드러내고 싶었던 강한 자신감이 억눌러져 있었다.

자신이 두뇌 회전도 빠르고 지적 호기심도 강하며 고급스러운 취향을 가지고 있다는 걸 알고 있었지만 워낙 강한 성격의 배우자 옆에서 자신의 성향을 드러내지 못했던 듯하다.

하지만 이제 기회가 생기자 그동안 표현하지 못했던 자신에 관해 마구마구 표현할 수 있게 되었다. 꾹 닫고 있던 입이 열리자 그동안 참았던 말들이 폭풍처럼 쏟아져 나오는 것이다.

컬러테라피스트의 액션 플랜

기회가 생길 때까지 꾹꾹 눌러 참지 말고 가끔이라도 자신이 그동안 하고 싶었던 말을 하고 행동해보자. 대신에 주변인들에게 지나치게 강압적으로 전달되거나 불편함을 느끼지 않도록 사전 양해를 구하면 좋다. 그동안 하지 못했던 취미 활동이나 자기계발을 찾아 도전해보는 것도 좋다. 감춰져 있던 내면의 힘을 끄집어낼 기회가 될 것이다.

치유 포인트

◇ 자랑하고 싶은 나의 모습에는 무엇이 있을까요?

예시)

나는 지적인 분야에 관심이 많다

나는 기억력이 아주 좋다

나는 관심 있는 분야에 관해 누구보다 잘 말할 수 있다

◇ 감춰져 있던 나의 내면의 힘을 끄집어낼 수 있는 행동에는
　무엇이 있을까요? 그리고 필요할 때마다 추가해보세요.

옐로우

어느 날 한 대학생으로부터 인터뷰 요청 전화를 받았다. 컬러테라피에 관한 다큐멘터리를 찍는 중이라고 했다. 촬영 전 사전 인터뷰를 하기 위해 그 대학생이 방문했다. 머리카락 색을 노랗게 염색한 통통한 여성이었다.

초면부터 통통 튀는 말투와 깜찍한 표정을 발산하며 자신을 표현하는 순수한 사람이라 '아마도 옐로우 성향의 사람인가보다'라는 여운이 남았다.

그 후 촬영 당일, 4명으로 이루어진 프로젝트팀이 도착했다. 4명 중 2명은 촬영을 담당했고 1명은 작가 역할, 사전 인터뷰를 하러 왔던 노랑머리 여학생은 PD 역할이었다.

그들은 대체로 부끄러워하는 모습을 보였다. 어떤 순서로 촬영할 것인지에 관한 설명도 없이 오자마자 교육 장면 스케치를 하겠다며 강의장으로 촬영 담당 2명이 들어가 카메라를 설치하고 열심히 촬영했다. 언제쯤 끝날지 안내도 없이 30분 이상 촬영이 진행되었고 다음 일정 때문에 내가 나서야 했다.

나) "스케치는 그 정도면 된 듯한데 나머지 필요한 장면들은 제가 연출 컷을 만들어주면 어떨까요?"

노랑머리 대학생) "아, 정말요? 감사합니다! 역시 선생님이 짱이에요!"

나) "아, 그러고 보니 머리카락을 잘랐네요?"

노랑머리 대학생) "알아보시네요! 지난번 선생님의 상담을 듣고 나서 결단을 했어요!"

지난번 사전 인터뷰를 하러 왔을 때 검사검사 컬러테라피 상담도 진행했는데 '자신감'과 관련한 내용으로 했었다. 상담 내용을 듣는 내내 눈물을 흘리던 그녀의 모습이 기억난다.

자신이 얼마나 빛나고 있는지 스스로 모르고 있을 때

옐로우

사람은 옐로우 컬러 성향을 끌어당겨 사용하게 된다. 그 여학생도 마찬가지였다. 그날 상담에서 나는 "지금 이미 빛나고 있으니 자신감을 가졌으면 좋겠다" "자신을 드러내려고 너무 애쓰지 말았으면 좋겠다"라고 말해주었다.

하지만 여전히 그 대학생은 무슨 일이든 자신이 중심이 되려는 욕심이 있는 상태였다. 내가 작가 역할을 맡은 대학생에게 "예쁜 작가님"이라고 불렀더니 노랑머리 대학생이 옆에서 듣고 있다가 "저는요?"라고 하며 바로 개입했다. 그 모습이 아이처럼 귀엽고 깜찍했지만 그 학생의 마음속은 무엇이 아직 부족한 것일까 싶은 안타까움과 궁금증이 남았다.

나도 모르게 그들에게 프로젝트가 끝나면 놀러 오라고 말을 건넸는데 이는 내가 잘 하지 않는 행동이었다. 아마도 노랑머리 대학생이 내 마음을 끌어당겼기 때문일 것이다.

이렇듯 옐로우의 호기심과 순수함은 나를 설레게 한다. 옐로우의 사람들은 어쩜 이런 에너지를 내뿜을 수 있는 걸까? 조만간 다시 한번 옐로우 테라피의 시간을 가져볼 계획이다.

컬러테라피스트의 조언

옐로우 컬러는 아이처럼 천진난만하고 호기심이 가득한 성질을 지닌다. 태양의 색인만큼 어디에서나 중심이 되고 빛으로 가득 차 있다. 그래서 옐로우 컬러의 성향인 사람도 언제 어디서나 자신이 중심이 되기를 원한다.

그래서 나를 비껴가거나 내가 모르는 일이 벌어지면 서운해한다. 아마도 그 노랑머리 대학생에게는 그동안 자신을 중심에 두지 않고 벌어진 일이 많았나 보다. 그래서 머리카락 색을 노랗게 염색하거나 노란색 옷을 입거나 직접 자기 입으로 말을 하면서 자신이 어디에 있는지를 항상 타인에게 알려주려고 애쓴 듯했다.

하지만 이런 행동들이 너무 심해지면 모든 것을 혼자 독차지하려는 사람으로 보일 수 있다. 자신도 지나치게 예민해져 과민성 위장장애를 일으키기도 한다.

컬러테라피스트의 액션 플랜

이럴 때 필요한 것은 명상이다. 차분히 마음을 가다듬고 '나는 지금도 완벽해' '나는 멋져' '나는 어디에서나 반짝반짝 빛나' 등의 말을 자신에게 해주자. 마음이 한결 즐거워질 것이다.

치유 포인트

◇ 자기 자신을 한번 칭찬해볼까요?

예시)

난 일할 때 아이디어가 참신해!

나는 재치가 있어 급박한 상황에서 순발력을 발휘할 수 있어!

나는 유머 감각이 뛰어나서 주변 사람들을 늘 웃게 만들어!

◇ 내가 가장 듣고 싶은 칭찬이 무엇인지 써보세요. 그리고
   필요할 때마다 추가해보세요.

옐로우의 솔직함

한 번은 친구 때문에 너무 힘들다는 사람을 상담한 적이 있다. 내담자는 자신이 감정 표현에 익숙한 사람이 아니라고 했다. 상대의 상태, 환경, 컨디션, 나를 얼마나 수용하는가 등 여러 가지 생각을 고려하다 보면 차라리 말을 하지 않고 넘어갈 때가 많다고 한다.

조언해달라는 요청을 받아도 자신이 조언해도 될까 고민하거나 좋지 않은 이야기를 들었을 때 따져 묻고 싶지만 입을 다물어버릴 때가 한두 번이 아니라고 한다.

그러다 보니 자연스럽게 상대도 나를 조심히 대해주었으면 하는 생각을 할 때가 많지만 그러한 이야기를 입

밖으로 내지는 못한다고 한다.

그런데 친구 중에 굉장히 솔직하고 직설적으로 말하는 친구가 있어 상처를 많이 받는다며 이를 어떻게 풀면 좋을지 고민이라고 한다.

생각해보면 우리 역시 주변에 꽤 감정에 솔직한 사람이 있을 듯하다. 아니면 그러한 사람이 나일 수도 있다. 그래서 내가 말했다.

상담사) "그 친구에게 솔직하게 이야기해보는 건 어때요?"

내담자) "분명 자기 행동을 모를 거예요. 저도 알아요. 악의를 갖지 않았다는 것을요. 근데 사람이다 보니 나는 그 친구의 모든 걸 배려한다고 생각하는데 그 친구는 그런 생각을 전혀 하지 않는 것 같아서 속상해요."

상담사) "사실 내 감정은 내 것이라 나는 내 감정에 좌우되지만 상대방은 그렇지 않아요. 그리고 사실 그렇게까지 배려하지 않아도 됐을 수도 있어요. 내가 배려했으니 상대에게도 배려를 강요하는 것도 본인이 힘들 수 있어요. 그러지 말고 솔직하게 이야기해보는 것도 좋을 것 같아요. 너무 감정적이기보다는 상대가 자기 자신을 돌아보도록 말해보는 건 어때요? 그 친구는 내담자님이 어떤 생각을 하는지 전혀 모르고 있을 수 있어요. 말 그대로 악의적 의도가 없다고 내담자님이 생각했다면 충분히 그럴 수 있죠. 말해보고도 대화가 되지 않으면 그다음을 고민해봐도 충분해요. 혼자 생각에 갇혀 고민하고 판단하면 더 상황이 좋지 않을 것 같아요."

나의 코칭을 들은 내담자는 마음을 먹고 친구와 대화해보았다고 했다.

내담자) "네 말에 혹시 상처받는 애들도 있지 않아?"

친구) "무슨 소리야? 나 마음 약해서 싫은 소리 잘 못해! 너도 알잖아?"

내담자) "음… 너 감정 표현 엄청 솔직하게 하지?"

친구) "그렇지. 내가 남 속이고 이런 걸 싫어해서 그때그때 표현을 잘하지."

내담자) "마음이 약해서 싫은 소리는 못 하는데 감정 표현은 솔직하게 하는 게 신기하지? 네가 들어도 조금 모순된 것 같지 않아?"

친구) "그렇네…… 혹시 네가 상처받은 적도 있어?"

그렇게 이들은 생각보다 너무 쉽게 서로의 마음을 알

게 되었다. 사실 가장 쉬우면서도 어려운 게 커뮤니케이션인 것 같다. 옐로우 성향의 사람과 잘 소통하려면 어떻게 대화해야 하는 걸까?

컬러테라피스트의 조언

옐로우 컬러의 성향을 가진 사람의 특징 중 하나가 솔직한 감정 표현이다. 비유하자면 아이와 같다고 보면 좋다. (물론 아닌 아이도 있지만) 아이들은 굉장히 솔직하고 직설적이다. 울다가도 재미있는 걸 보면 금방 까르륵 넘어간다.

이렇듯 아이들은 상대에게 상처를 줄 수 있다고 생각하며 말하지 않는다. 자신이 느낀 감정을 있는 그대로 표현할 뿐이다.

옐로우 컬러 성향의 사람도 이와 같다. 자신은 악의적 의도가 없기에 상대가 상처받으리라는 예상을 하지 않는다. 물론 말을 하거나 감정 표현을 한 후 뒤돌아서 '아차!' 하고 느낄 때도 있기는 하다.

위 이야기에 등장하는 내담자는 상대적으로 블루 컬러의 성향을 가지고 있었다. 블루 컬러 성향의 사람이 고민하고 고민해서 결론 내리거나 계획해서 움직이는 사람이라면 옐로우 성향의 사람은 적극적이고 솔직하며 가끔은 충동적이기도 하다.

이 두 사람이 친구라면 블루 컬러 성향의 사람은 배려하는 데 익숙하지만 잦은 상처로 인해 관계를 고민하게 되고, 옐로우 컬러 성향의 사람은 이러한 블루 컬러 성향의 마음을 알 길이 없다. 관계는 누구 하나가 잘한다고 이어지는 것이 아니다.

컬러테라피스트의 액션 플랜

머릿속으로 생각하던 말이 어느 순간 입 밖으로 나온 적이 있지는 않은가? 말하고 싶은 건 꼭 말해야지만 직성이 풀리는 성향이라 제어할 능력이 부족하다면 오늘 하루 내가 했던 말을 떠올려보자.

혹시 마음에 걸리는 사람이나 말이 있지 않은가? 있다면 전화 혹은 메시지를 통해 진심을 담아 사과해보자. 그럼 상대방도 이해해 줄 수 있을 것이다.

치유 포인트

◇ 고쳐야 할 나의 언어 습관에는 무엇이 있나요?

예시)

말의 시작이 항상 "아니 그게 아니라"로 시작한다

내용이 조금만 길어지면 정리해서 말하지 못한다

남의 말보다 그 말을 들으면서 내가 할 말을 생각한다

◇ 상대를 배려하는 말로 무엇이 있을지 써보세요. 그리고 필
　요할 때마다 추가해보세요.

옐로우, 또 다른 이야기

태양과 황제를 상징하는 옐로우

노란색의 어원 중에는 땅을 의미하는 '누리'에서 나왔다는 가설이 있다. 천자문을 보면 "하늘 천天, 땅 지地, 검을 현玄, 누를 황黃"이라는 구절이 그 근거이다.

중국에서 옐로우 컬러는 '황제의 색'이라고 불리며 황제만이 입을 수 있었다. 그래서 왕과 왕비는 옐로우 컬러 예복을 입을 수 없었다.

황금색을 좋아하는 것은 동·서양 모두 비슷할 수 있지만 그 의미나 상징은 조금 차이가 있다. 중국만 해도 진시황은 레드 컬러를 황제의 옷 색으로 정했지만 한나라 때부터는 옐로우 컬러가 황제의 색으로 지정되었다.

옐로우 컬러는 과거 마야인이 숭배했던 태양의 신을 상징하는 컬러이기도 하다. 20세기 중반 마야 문명이었던 도시를 복구하는 작업을 할 때 마야 문명을 기념하기 위해 마야인을 상징하는 색으로 옐로우 컬러를 정해 복원한 건물 전체에 칠했다고 한다.

황금 문명 마야의 자취가 물씬 남은 과테말라의 풍경

고흐가 사랑한 마지막 컬러, 옐로우

빈센트 반 고흐는 어떤 화가보다 옐로우 컬러를 사랑한 사람이다. 특히 그는 남프랑스 아를에 머물기 시작하면서부터 자신의 그림에 옐로우 컬러를 더 많이, 더욱더 적극적으로 사용했다.

1988년 여름, 고흐는 아를에서 머물던 자신의 집을 그림으로 그릴 때 모두 옐로우 컬러로 칠했는데 실제로도 그는 그 집을 옐로우 컬러로 모두 칠했다고 한다. 또한 집을 꾸미기 위해 그린 해바라기 그림 역시 옐로우 컬러를 가득 사용해 고도의 집중력으로 빠르게 그려냈다.

고흐는 파리 미술상에서 파는 18가지 옐로우 컬러 중

가장 밝은 색부터 가장 어두운 색까지 다양한 색의 옐로우 컬러를 그림에 사용하기도 했다.

모든 것을 녹여버릴 듯한 열정을 담은 고흐의 그림들을 보고 있으면 과연 누가 빈센트 반 고흐의 삶이 불행했다고 말할 수 있을까.

자신의 열정을 자화상에서도 노란색으로 표현한 고흐

옐로우

Orange

오렌지

레드 컬러와 옐로우 컬러를 1대 1 비율로 섞은 2차색입니다.
강렬함과 가벼움의 중간을 표현하지요.
즐거움과 자유를 상징하는 컬러로 긍정과 사교 에너지를
발산하는 화려한 매력을 지닌 컬러입니다.

오
렌
지
의
19
금

출강하다 만난 강사들이 있다. 강의하며 자주 만나다
보니 굉장히 친한 사이가 되었다. 4명이 있는데 같이 여행
도 가고 술도 마시는 등 같이 있으면 내가 갖지 못한 자유로
움을 가진 사람들인 것 같아 부럽기도 하고 재밌기도 하다.

그중 특히 굉장히 재미있고 유쾌한 분이 있다. 여행 중
웃음 포인트는 거의 그분이 주도하고 있다고 해도 과언이
아니다. 말도 맛깔스럽게 하지만 19금 대화도 아주 능청스
러운 연기를 곁들여 말하다 보니 전혀 외설같이 느껴지지
않는 재미난 재능이 있는 사람이다.

한 번은 본인이 겪은 웃긴 이야기라며 신나게 19금 이

야기꽃을 피우고 있었다. 그런데 본의 아니게 다른 강사가 그 이야기를 듣지 못했다. 그래서 다른 강사가 궁금하다며 이야기해줄 것을 재촉하니 그 강사는 두 번 말하면 재미없다면서 다른 강사가 대신 이야기해주도록 유도했다.

이야기 전달꾼으로 지목된 그 강사는 눈이 반짝이며 정말 재미있다며 이야기를 시작했다. 그런데 이야기가 너무 이상한 방향으로 흘러갔다. 다른 강사들도 이거 재미있는 이야기가 맞느냐며 저질스럽게 들린다고 했다.

듣고 있던 이야기 장본인도 같은 이야기인데 어쩜 이리 다르게 들리냐며, 혹시 자신이 이야기할 때도 이런 느낌이었는지 물어본다. 듣고 있던 나도 무언가가 이상하게 느껴져 조심스럽게 말을 꺼냈다.

나) "강사님… 어디 가서 재밌는 이야기 들었다면서 옮기지 마세요~ 특히 19금 이야기는 더 안 될 듯해요."
이야기 전달꾼으로 지목된 강사) "진짜 이상해요. 저는 진짜 재미있는 이야기를 준비했는데 막상 이야기를 시작하면 하나도 흥미롭지 않아요. 왜 그런 걸까요?"

사실 우리 주변에는 이런 사람이 꽤 많다. 특히 블루

오렌지

컬러의 성향을 지닌 사람이 이러한 경우가 많은데 블루 컬러 주변인 대부분도 나와 비슷한 이야기를 한다.

자신은 굉장히 재미있다고 생각해 혼자 열심히 유머를 준비해 말했지만 웃는 사람이 아무도 없는, 이 블루 컬러 사람들의 유머는 대체 어떻게 구제해야 오렌지 컬러 성향의 사람처럼 될 수 있는 걸까?

컬러테라피스트의 조언

TV 예능 프로그램에서 방송인 신동엽 씨가 19금 이야기를 할 때는 전혀 외설스럽지 않고 유쾌한 유머 코드로 넘길 수 있지만 다른 사람이 바통을 이어받아 자신의 19금 에피소드를 이야기하면 야유가 쏟아지는 장면을 본 적이 있다.

오렌지 컬러의 성향이 있는 사람은 마치 지금 눈앞에서 벌어지는 듯 이야기를 굉장히 생생하고 다이내믹하게 말하는 재능이 있다.

오렌지 컬러 성향의 사람이 말하는 이야기에는 생동감과 활력이 있기 때문에 듣는 사람도 재미있게 들을 수 있다. 다만 간혹 수위 조절이 잘되지 않거나 상황에 어울리지 않는 농담으로 분위기를 망칠 수 있으니 책임과 자유를 적절하게 배분하는 연습과 주의가 필요하다.

컬러테라피스트의 액션 플랜

나에게는 유쾌한 일이지만 상대에게는 불쾌한 일인 경우가 있다. 흥에 겨워 수위 조절을 못 하거나 선을 넘을 수 있음을 항상 명심하고 언행에 있어 조심하는 습관을 기르면 좋다.

오렌지

치유 포인트

◇건강한 유머 감각을 갖기 위한 나만의 훈련법이 있나요?

예시)

말하기 전에 머릿속으로 정리한 후 말한다

상대가 불편할 만한 내용은 아닐지 신중하게 고민한다

다른 사람의 이야기를 함부로 하지 않는다

◇건강한 유머 감각을 기르기 위한 나만의 방법을 써보세요.
그리고 필요할 때마다 추가해보세요.

나는 무슨 일을 진행할 때는 먼저 계획을 세운 다음 시작한다. 비록 계획대로 일이 되지 않는다고 하더라도 계획이 있기에 마감일을 잊지 않고 지키려고 노력해야 한다는 책임감을 느낄 수 있기 때문이다.

그러나 이런 나와 어떻게 친구가 됐을까 싶은 생각이 들 만큼 나와 성향이 정반대인 친구가 있다.

그녀는 굉장히 자유분방한 성향을 가지고 있다. 매일 연락하며 서로의 안부를 묻지는 않지만 내게 무슨 일이 생기면 가장 먼저 달려오는 친구다.

노는 것도 좋아하고 잘 웃고 밝고 따뜻한 모습이 있는

사랑스러운 사람이다. 같이 있으면 밝은 에너지가 느껴지기 때문에 주변에 친구도 많다.

이런 그녀의 취미는 여행이다. 요즘 조용하다 싶어 연락해보면 지구 반대편에 가 있던 적도 있다. 며칠 전 연락할 때까지만 해도 여행 간다는 이야기가 없었기에 여행 소식이 당황스러울 때도 있지만 딱히 계획이 필요 없는 갑작스럽고 과감한 여행 가기는 그녀의 특기이다.

가끔은 여행이 가고 싶다고 회사까지 그만두는 과감함을 보여 당황스럽기도 하지만 그런 자유로운 모습이 가끔은 부럽기도 했다. 또한 그녀는 클럽에 가서 음악을 들으며 춤을 추거나 노래를 부르는 것도 여행만큼 좋아한다.

이런 그녀가 가장 싫어하는 상황이 있다. 그녀의 흥은 쉽사리 가라앉지 않기에 그녀와 함께 어울리다 보면 체력적으로 힘들어하는 친구도 많다. 대학생 때는 함께 신나게 놀다가 통금 시간이 있는 친구들이 먼저 자리라도 뜨게 되면 굉장히 우울해하기도 했다.

하루는 그녀에게 왜 지난번 모임에서 먼저 간 다른 친구를 부르지 않았냐고 물었는데 그녀는 이렇게 대답했다.

"한두 번도 아니고 이제 분위기 무르익고 신나게 놀자

하려고 했는데 분위기 깨고 먼저 집에 가잖아. 그럼 꼭 다른 애들도 따라 나가는 거 보기 싫어."

그랬다. 그녀는 흥이 한껏 올랐는데 친구가 흐름을 끊고 집에 가는 것이 못마땅할 만큼 늘 즐거움이 우선인 사람이었다. 그래서 늘 어딘가에 얽매이지 않고 자유로울 수 있나 보다. 그녀는 어떻게 이렇게까지 자유분방할 수 있을까?

오렌지

컬러테라피스트의 조언

오렌지 컬러 성향 중에는 삶의 가장 큰 가치관이 '즐거움'인 사람이 많다. 내가 즐겁고, 내가 하고 싶은 일이어야 하고, 내가 만족하면 그만이라고 생각한다.

그렇다 보니 오렌지 컬러의 사람들을 보면 자유분방해 보이기도 하지만 가끔은 무모해 보이기도 한다.

이런 오렌지 컬러 성향의 사람들이 가장 어려워하는 것이 바로 Stop, 멈춤이다. 강제로 차단되거나 간섭받거나 구속받게 되면 이들은 그 누구보다도 우울해질 수 있다. 또한 사람들과 있을 때는 늘 밝아 보였는데 집으로 돌아가 홀로 고요히 있게 되면 오히려 우울감을 느낄 수도 있다.

늘 밝아야 할 필요도 없고 늘 즐거워 보일 필요도 없다. 그저 자신의 감정에 늘 솔직해지는 것이 오렌지 컬러 성향의 사람이 가장 행복해지는 방법이다.

컬러테라피스트의 액션 플랜

오늘 그리고 지금, 이 순간 집중한 내 모습은 잠시 미뤄두고 내일 해야 하는 일이 무엇이 있는지, 챙겨야 할 것은 무엇이 있는지 메모하고 정리하는 습관을 길러보도록 하자.

치유 포인트

◇ 지금 내가 가장 하고 싶은 일은 무엇인가요?

예시)

무작정 여행을 떠난다

방을 마음껏 어지럽힌다

칼로리 신경 쓰지 않고 먹고 싶은 건 다 먹는다

◇ 지금 당장 하고 싶은 행동으로 무엇이 있는지 써보세요.
　그리고 필요할 때마다 추가해보세요.

한 곳에 묶이는 것을 싫어하는 사람

그녀는 사람들과 잘 어울리는 사교적인 사람이다. 힘든 사람을 보면 자기 일처럼 기꺼이 돕는 따뜻함과 친근함을 지녔다. 상담할 때도 자신의 노하우와 생각을 사례로 들며 재미있게 설명한다.

어느 날 우연히 그녀와 업무적인 이야기를 나누게 되었다. 평소 그녀는 따뜻한 마음의 소유자이긴 하지만 한편으로는 책임감과 절도가 필요한 사람이었다.

그런데 미팅을 하다 보니 평소 그녀에 관해 내가 갖고 있던 인식과 다른 모습들이 보였다. 상당히 체계적이고 구체적인 아이디어가 있었고 오랜 연륜으로 쌓인 경험담과 노하우가 상당하다는 느낌이 들었다.

그녀와 나는 상담 프로그램 개발을 시작하게 되었다. 나는 어떤 일을 진행할 때 한두 가지 정보를 근거로 삼고 나머지는 머릿속에서 창의력을 발휘하는 편이다. 그런데 그녀는 나와 다르게 폭넓은 수집력으로 모은 다양한 자료를 상담 프로그램에 적용하는 아이디어가 뛰어났다.

그렇게 서로 다른 성향끼리 만난 우리는 몇 달씩 상호 보완성을 발휘하며 차근차근 결과물을 내고 있었다. 자주 만나지는 못했지만 만날 때마다 조금씩 해나가다 보니 뿌듯함과 성취욕도 생기기 시작했다.

그렇게 프로젝트가 마무리 단계 즈음 그녀에게 계약서를 작성하자고 제시했다. 그런데 의외로 반응이 소극적이었다. 더불어 다른 멤버들과 함께 또 다른 프로그램 개발 프로젝트를 시작하게 되었는데 그때부터 그녀는 점점 소속감과 책임감을 회피하는 듯한 행동을 보이기 시작했다.

그녀에게 왜 그러냐고 묻자 자신은 어느 한 곳에 묶이는 것이 싫다면서 여러 프로젝트에 자유롭게 참여하는 프리랜서 형식으로 일했으면 좋겠다고 말했다. 그래서 우리는 그녀를 위해 프로젝트 방향을 변경하여 새로운 방향성을 설정했다. 그녀의 이런 행동은 어디서 기인한 것일까?

오렌지

컬러테라피스트의 조언

오렌지 컬러 성향의 사람은 사교적이고 친근하며 자유분방하다. 그렇다 보니 자신이 하고 싶을 때 어떤 경계도 없이 자유롭게 일하고 살아가기를 원하고 서로 경쟁 관계에 있는 여러 단체나 그룹에 동시에 속해도 무방하다고 생각한다.

다만 여기저기 자유롭게 속하기도 하고 나오기도 하며 살아가기 때문에 다른 사람들과 생각이나 의견이 부딪히는 상황이 펼쳐질 수 있다. 일반적으로 그룹이나 조직 운영은 개인이 아닌 단체로 움직여야 하기에 어떤 질서와 약속이 정해지기 마련이기 때문이다.

이러한 단체 활동에서는 오렌지 컬러 성향이라도 단체에서는 상호 협의로 약속이 정해짐을 인지하고 따라야 한다. 따라서 오렌지 컬러 성향의 사람이라면 스스로 책임져야 할 행동 규범이 어떤 것인지 익혀야 한다.

컬러테라피스트의 액션 플랜

자신이 속한 단체에서 정한 규정이나 지켜야 할 사항이 무엇인지 체크하고 익히자. 문서나 계약서를 통해 프로젝트를 꼼꼼하게 확인한 후 서명하자. 상호 신뢰감을 주는 데 도움이 된다.

치유 포인트

◇ 약속을 지키려는 세부 노력에는 무엇이 있을까요?

예시)

약속 날짜가 다가오면 먼저 확인 문자 보내기

상사에게 진행 중인 프로젝트 중간점검 및 보고하기

할 수 있는 일과 할 수 없는 일을 분명하게 의사 표현하기

◇ 규칙을 지키기 위한 나만의 노력을 써보세요. 그리고 필요
 할 때마다 추가해보세요.

오렌지

오렌지, 또 다른 이야기

오렌지 컬러는 왜 네덜란드의 상징이 되었을까?

오렌지 컬러의 이름은 컬러 중 유일하게 과일에서 따왔다. 인도 남부 및 실론 섬의 북반구에서 쓰는 드라비다어 중 '향긋하다'라는 단어에서 유래했는데 페르시아어로는 'Narang', 아랍어로는 'Naranj', 스페인어로는 'Naranja'이다. 산스크리트어인 'Naranjah'부터 시작해서 여러 이름으로 불리다가 프랑스어인 오랑주Orange를 거쳐 영어인 오렌지로 정착했다고 한다.

유래를 보면 네덜란드와는 전혀 상관이 없을 듯한데 왜 오렌지 컬러는 네덜란드의 상징이 되었을까? 네덜란드가 오렌지를 많이 생산하는 국가도 아닌데 왜 네덜란드 축

구팀을 '오렌지 군단'이라고 부르고 유니폼 색깔도 오렌지 컬러인가 싶은 의문이 생긴다. 지금부터 역사를 거슬러 올라가 보자.

16세기의 네덜란드는 벨기에와 룩셈부르크, 프랑스 북부까지 포함한 나라이자 스페인의 지배를 받던 나라였다. 당시 스페인의 왕 펠리페 2세Felipe II의 강력한 가톨릭 정책이 네덜란드 북부 칼뱅 신교자들을 탄압하는 것을 넘어 학살하기까지 이르게 되자 독립에 대한 네덜란드의 갈망은

자유의 상징 오렌지 컬러의 유니폼을 입고 오렌지 군단을 응원하는 응원단들

오렌지

커져만 갔다.

이렇듯 정치와 종교의 자유를 넘어 그 이상의 자유를 외치며 싸웠던 당시 네덜란드의 중심에 빌럼 판 오라녜 (빌럼 1세) 공작과 그 가문이 있었다. 그 가문 이름이 바로 'Orange-Nassau'였던 것이다. '오렌지'가 아니라 '오랑주'로 읽어야 했던 이유는 프랑스어이기 때문이다.

오랑주 공국은 프랑스 프로방스 지방에 있던 공국이다. 이 지역은 12세기에는 부르고뉴 공국의 지배하에 있었는데 당시 부르고뉴 공국은 신성로마제국의 땅이었다. 지금도 남프랑스에 남아 있는 오랑주시는 오렌지 보급지가 되면서 자연스럽게 오랑주시와 오렌지가 연결된 셈이다. 즉, 오렌지 군단은 오랑주 공국의 이름에서 유래한 것이다.

빌럼 판 오라녜 공작 및 그 가문과 함께 쟁취한 네덜란드의 독립은 네덜란드인들에게 자유에 대한 갈망과 자부심을 무엇과도 바꿀 수 없는 소중한 유산으로 만들었다. 빌럼 판 오라녜 공작을 기억하고 그가 싸운 자유의 가치를 상징하는 것이 바로 오렌지 컬러이다. 그래서 네덜란드의 오렌지 컬러는 우리에게 자유라는 상징성을 전달한다.

쿠사마 야요이에게 오렌지 컬러는 어떤 의미일까?

'쿠사마 야요이^{くさまやよい}'라는 이름을 들었을 때 대부분 사람의 머릿속에 가장 먼저 떠오르는 작품은 '호박'일 것이다. 쿠사마 야요이는 일본 나가노현에서 태어났는데 열 살 때부터 불안증과 강박 증세를 보였다. 미술에 관한 관심도 그때부터 시작되었다고 한다.

1957년부터 1972년까지 뉴욕에서 작품 활동을 했는데 다른 어떤 여성 미술가들보다 팝아트 양식에 가까운 창작 활동을 했지만 여성이자 비서구인이라는 점 때문에 주류에 속하지는 못했다.

2번의 자살 시도와 우울증을 겪다 1977년 일본으로 돌아와 스스로 정신병원에 입원했는데 쿠사마 스튜디오를 만들어 지금까지 정신병원에서 작품 활동을 하고 있다.

현재 쿠사마 야요이는 승승 가도를 달리며 새로운 소비 트렌드를 만들고 있는 셀럽celebrity 중의 셀럽이다. 여성 아티스트 역대 경매 낙찰가 1위, 국내 미술 경매가 해외 아티스트 중 1위, 미술품 전시 중 세계 최다 관람객 동원 등으로 매일매일 미술계에서 신기록을 경신하고 있다.

2016년에는 「타임지」 선정 '가장 영향력 있는 인물

나오시마 섬 미술관에 전시된 쿠사마 야요이의 작품 노란 호박

'100인'에 이름을 올리기도 했다.

그녀의 유년 시절은 커다란 트라우마로 쌓여 있었다. 아버지의 잦은 외도 때문에 어머니는 그녀에게 모든 스트레스를 푸는 등 어릴 때부터 어머니에게 학대를 당하며 자랐다. 심지어 아버지의 외도 현장에 쿠사마 야요이를 직접 보내 아버지를 감시하게까지 했다.

아버지가 집을 나간 후에도 어머니의 체벌이 이어졌고 쿠사마 야요이는 그 누구에게도 돌봄을 받지 못한 채 어린 시절을 보내야 했다. 야요이는 이때부터 물방울과 그물 무늬를 그리기 시작했다. 스스로 자신을 치유하는 작업으로 그림을 그리기 시작한 듯하다.

쿠사마 야요이의 작품을 보면 일정한 패턴을 강박적으로 반복하는 것을 알 수 있다. 그리고 남근을 표현한 작품에서는 강렬한 오렌지 컬러를 사용한 작품을 많이 볼 수 있다. 아버지의 외도가 그녀에게 성에 대한 잘못된 인식을 심어준 셈이다.

오렌지 컬러는 성에 관한 문제, 트라우마, 육체적 학대 등을 치유하는 에너지가 있다. 쿠사마 야요이에게 오렌지 컬러는 부모의 통제와 억압으로부터 벗어나 자유를 느끼게 하는 색이다.

오렌지

쿠사마 야오이는 아버지 때문에 생긴 성에 대한 불신과 혐오감을 작품 속에서 오렌지 컬러로 발산하며 트라우마를 해소하고 있음을 알 수 있는데 결국 그녀에게 예술은 자신을 치유하는 활동인 셈이다.

많은 사람이 그녀의 작품을 좋아하는 이유도 그녀의 작품을 보며 각자가 가진 스트레스나 트라우마, 공포 등이 자연스럽게 치유되는 효과가 있기 때문일 것이다.

Red

레드

1차 색 중 하나인 레드 컬러는
물질과 생존을 상징하는데요.
우리 삶에서 가장 기본이 되는
행동, 건강, 사랑을 표현하는 컬러답게
활동 영역이 크고 에너지를 발산한답니다.

패션계에 종사하는 한 남자가 어떤 여성에게 호감을
표시하며 다가왔다. 그 남자는 머리부터 발끝까지 누가 봐
도 알만한 브랜드로 치장한 상태였다. 그는 여성에게 프러
포즈 하면서 내가 진행하고 있는 일이 잘되면 ○○ 브랜드
의 시계를 사 주겠다는 등의 호기를 부렸다.

연애 초반에는 데이트할 때마다 아주 세심하게 여성
을 배려하는 행동들을 보였다. 함께 야외로 데이트하러 갈
때는 맛있는 간식과 커피까지 준비해오는 다정다감한 면도
있었다. 여성은 아무것도 하지 못하도록 하고 본인이 열심
히 준비하고 뛰어다녔다.

또한 남성은 여성과 만날 때마다 여성에 관한 애정과 호감을 자주 표현하는 등 다정하고 자상하게 자신의 감정을 세세하게 말하는 사람이었다.

여성은 반대였다. 남성에게 호감을 느끼더라도 표현하지 않고 가만히 듣기만 하는 성격이었다. 자신의 감정이나 의견을 그때그때 표현하지 않았다. 상대가 나에게 어떤 말을 하고 어떤 행동을 하는지 지켜보기만 했다. 나를 진심으로 사랑하는지, 변함없이 꾸준히 나를 사랑할 것인지를 계속 살폈다.

표현하지는 않았지만 여성은 남성의 세심함과 애정 표현에 점점 마음을 열고 있었다. 남성의 행동을 통해 그에게 무언가를 요구하지 않아도 알아서 해줄 것이라는 믿음을 갖게 되었다. 남성이 자신이 한 말을 행동으로 옮기기를 기다리고 있었다.

그런데 시간이 지나면서 남성의 행동이 점점 달라지기 시작했다. 데이트 초반에 했던 수많은 약속과 세심한 배려가 점점 줄어들었다. 자기 스스로 여성에게 하겠다고 한 수많은 약속을 지키지 않았고 언제 해주겠다는 설명이나 말도 없었다.

여성 또한 여전히 처음부터 지금까지 쭉 본인의 생각

이나 감정을 표현하지 않았다. 자신이 지금 얼마나 서운한지, 왜 나에게 약속을 지키지 않는지를 남자에게 말하지 않았다. 그저 스스로 느끼고 판단하며 스트레스만 받았다.

남성은 연애 초반에는 무엇이든 다 해줄 듯 하며 여성의 마음을 달콤하게 해놓더니 만남을 지속할수록 하나도 지켜지는 것이 없었다. 그냥 말뿐이었다. 남성은 그저 자신의 겉모습을 명품으로 치장하고 여성에게 "보다시피 나는 대단한 사람이야"라고 어필하며 연인으로서 자신이 최고의 상대라고 강조하고 싶었던 것뿐이다.

남자는 상대의 마음을 사로잡기 위해서는 자신이 엄청난 부와 능력이 있음을 보여주어야 한다고 생각하는 부류였다. 그래야만 상대의 마음을 잡을 수 있다고 생각하는 사람이었다. 그래서 데이트할 때마다 화려하고 눈에 띄게 치장하고 "네가 원하는 건 다 해줄 수 있어!"라고 지키지 않을 약속을 남발했다.

해주겠노라고 장담하며 뱉은 말들을 지킬 수 없다면 그냥 허풍쟁이일 뿐이다. 이 남성에게 사랑은 과연 어떤 의미일까?

컬러테라피스트의 조언

레드 컬러 성향의 사람은 누구보다 물질적인 성공을 이루고자 한다. 물질적 부를 통해 자신의 파워를 과시하고 싶은 것이다. 더불어 사랑 표현에 능하며 다정다감하고 세심하게 상대를 대한다. 이성보다 감정이 앞서고 신중하기보다 즉흥적이다. 그 순간에 충실하다 보니 지금 당장 느끼는 감정들을 주저 없이 말한다. 화끈하고 당당한 모습 또한 보인다.

하지만 시간이 지나도 여전히 그러한 모습을 보이고 했던 말들을 실천할 수 있을 것이냐가 관건이다. 자신이 레드 컬러 성향이라면 순간 느꼈고 말했던 것을 모두 실천할 수 있는지 체크해야 한다. 그러기 위해서는 말하기 전에 한 번 더 생각하는 연습이 필요하다. 특히 자신과 성향이 반대인 사람과 인간관계를 맺을 때는 더욱더 신중하고 조심해야 한다.

컬러테라피스트의 액션 플랜

누군가에게 사랑을 표현할 때 꼭 물질적인 선물이 아니더라도 상대에게 믿음을 줄 수 있는 것을 찾아보자. 자신이 상대를 얼마나 세심하게 배려하고 있는지를 표현하자. 당신을 있는 그대로 사랑하고 있음을 세세하게 알려주어도 좋다.

치유 포인트

◇ 평소 이성적으로 행동하려면 어떤 노력을 해야 할까요?

예시)

사람을 볼 때 겉모습보다는 내면을 보는 연습을 하자

오늘 한 말 중에 실천한 것이 몇 개인지 세어보자

오늘 누군가에게 한 약속을 몇 개나 지켰는지 체크하자

◇ 이성적으로 행동하기 위한 나만의 노력을 써보세요. 그리
고 필요할 때마다 추가해보세요.

만날 때마다 과거 자신이 고생했던 이야기와 역경을 딛고 성공한 이야기를 늘어놓는 남성이 있다. 어릴 때 집안 사정이 좋지 않아 고등교육을 받지 못하고 부모님을 도와 집안 생계를 책임지기 위해 돈을 벌어야 했다던데, 그렇게 젊은 시절부터 앞만 보고 달렸고 현재는 경제적인 여유를 즐기고 있다.

"10억 원에 아파트를 샀는데 지금은 20억 원이 되었다. 내가 30년 전에는 먹고살기 힘들어서 휴일도 없이 앞만 보고 달렸는데 지금은 식도락 여행이 취미다. 맛집 투어를 위해 지방까지 다닌다. 힘들고 어렵게 성공한 사람들 이야기 듣는 것을 좋아한다. 같이 식도락 여행을 할 친구가 필요하다. 지난 주말에는 떡볶이로 성공한 맛집에 다녀왔다."

만날 때마다 위와 같은 말을 반복한다. 처음 그분의 성공담을 들었을 때는 대단하고 존경스럽다고 생각했다. 하지만 같은 내용을 2번 3번 듣다 보니 만난 지 1시간이 넘어가면 지루해지고 더는 듣기 싫어져 점점 만남을 피하게 된다. 이제는 그 사람을 생각하면 '할 말이 저렇게 없을까? 말할 다른 주제는 전혀 없나 보다'라는 생각만 든다.

그는 기념일이 되어도 분위기를 즐기거나 로맨틱한 선물 등을 하지 않는다. 오로지 먹는 것, 사는 집, 폼 나는 옷 등에만 집중한다. 그럴싸하게 보이는 모습이 중요한 것이다. 지금은 충분히 경제적으로 여유가 있는데도 떡볶이, 군고구마 등 어릴 때 먹고 싶었지만 맘껏 먹지 못했던 음식에만 집착한다.

주위에 함께 있는 사람들의 취향과 니즈에는 관심 없다. 자신이 옳다고 생각하는 것이 최고라고 생각하고 자기 위주로 밀어붙인다. 이 사람은 대체 왜 이렇게 사는 걸까?

레드 컬러 성향의 사람은 성공 욕구가 강하고 삶에 대한 집념이 강하다. 어려움을 겪으며 성장했거나 평범한 사랑과 보살핌을 받지 못하고 자랐다면 부정적인 레드 컬러의 성향이 되기에 치유가 필요한 상태가 된다.

돈이 없어 힘들었던 경험 때문에 돈이 많아도 돈을 쓰는 데 망설이게 된다. 과거에 묶여 있어 여전히 아끼며 절약한다. '옛날에는 이런 것도 없어서 못 먹었어!'라는 생각에 사로잡혀 사느라 요즘 사람들은 이런 풍족함을 고마워할 줄 모른다고 여긴다.

이렇듯 자신의 기준대로 세상과 타인을 평가하다 보니 주변 사람들과 점점 대화할 주제가 없어진다. 요즘은 무엇이 유행하는지, 미래에는 어떤 새로운 것들이 우리 삶을 채우게 될 것인지에 관해 전혀 관심이 없으니 계속 과거 이야기만 하게 된다.

사람들로부터 외면당하지 않으려면 과거보다는 현재에, 그리고 미래에 생길 것들에 관해 받아들일 마음의 준비가 필요하다. 그리고 현재 내가 가지고 있는 것을 충분히 사용하며 이미 충만하다고 느끼는 노력이 필요하다.

컬러테라피스트의 액션 플랜

물질적인 것에 관한 관심보다 정신적인 것에 관한 관심을 키워보자. 내가 가진 것을 어떻게 주변 사람들과 나눌 수 있는지 사회에 환원할 방법을 찾아보자. 생활 속에서 베풂과 나눔에 관한 마음을 키워보자.

치유 포인트

◇ 현재 내게 충분히 있는 것들은 무엇인가요?

예시)

나의 건강한 신체

출근해서 일할 수 있는 사무실

언제나 반갑게 만날 수 있는 친구

◇ 나의 정신이 충만해지는 것에는 무엇이 있을까요? 그리고
필요할 때마다 추가해보세요.

레드

그의 열정은 허세일까, 외로운 것일까?

프리랜서로 활동하다 만난 사람이 있다. 이 사람은 굉장히 열정적으로 사는 사람이다. 옆에서 지켜보면 쉬기는 하는 것인지 걱정스러울 때가 있다. 목소리는 늘 쉬어 있고 항상 눈은 빨갛다. 새벽까지 과음한 날에도 지각 한번 한 적 없는, 말 그대로 하루를 초 단위로 쪼개어 사는 느낌이다. 그래서인지 프리랜서로 전향한 지 얼마 지나지 않아 빠르게 자리 잡는 모습을 볼 수 있었다.

그러나 그를 보는 사람들의 시선은 곱지만은 않았다. 바로 말 때문이었다. 늘 행동파인 그는 항상 말만 앞섰고 진실과 거짓 사이 그 미묘한 경계를 넘나들기도 했다. 처음 그의 이야기를 들은 많은 사람은 그의 말이 진실이라고 생각하며 항상 열정적으로 사는 사람이라고 생각했다.

하지만 그를 아는 주변 사람들은 그가 허세가 강한 사람임을 이미 알고 있었다. 그의 말을 들어보면 그는 이 세상에서 하지 못 하는 일이 없는 대단한 사람이다. 또 그 자리에 같이 있는 친한 사람을 자기 회사 직원으로 말한다.

그의 말을 가만히 들어보면 그는 직원이 많은 회사를 운영하는 사람이다. 그리고 직원들이 맛있는 것을 사달라고 조르면 언제든 지갑을 열지만 그의 직원들은 이러한 그의 배려에 고마워할 줄 모르는 사람들이다. 그의 말을 들어보면 본인은 직원들의 복지를 위해 포상으로 해외여행을 보내주는 멋있는 대표라는 등 유독 회사에 관한 이야기가 많다.

물론 그의 위치를 보면 한 회사의 대표가 맞고 직원이 고용된 상태인 것도 맞다. 하지만 그가 하는 이야기 속 사람들은 그의 직원도 아니었고 맛있는 것을 사달라고 조르지도 않았다. 해외여행은 늘 말만 앞설 뿐 해당 날짜가 가까워지면 여러 가지 이유로 취소되기 일쑤였다.

결국 그가 말한 대단한 스펙은 존재하지 않았다. 주변인들은 그의 말 중에 지키지 못하거나 않을 말 혹은 과장된 표현이 있어도 그의 성향을 알기 때문에 아무도 지적하지 않는다. 오히려 맞장구를 친다. 그의 말에 굳이 설왕설래하기보다 그저 묵묵히 받아주는 사람들이었기 때문이다.

하지만 변하지 않는 그의 태도에 지친 사람은 점점 그와 멀어지기 시작했다. 이 모습에 그는 자신의 마음이 어떤지 알기에, 그의 잘못된 행동을 감싸며 도와주고자 했던 사람들을 그저 그 자리를 지키고 있지 않는다는 이유만으로 무능하고 예의 없는 사람들이라며 뒷담화하고 다녔다.

뿐만 아니라 연락 한번 한 적 없던 사람도 자신에게 귀찮게 연락하는 사람으로 만들며 이간질을 했다.

이 모든 사실을 알게 된 사람들은 허탈했다. 그리고는 그와 더는 연락하지 않는다. 하지만 그는 여전히 존재하지 않는 직원과 직급을 가진 대단한 사람이자 그의 입에서 만들어진 주변인에 관한 거짓된 이야기는 여전히 들려오고 있다. 그는 언제까지 자신만의 거짓 성에 둘러싸여 있을까?

컬러테라피스트의 조언

레드 컬러는 열정과 에너지가 강한 컬러이다. 그래서 자신의 의견을 표현할 때 액션과 목소리가 모두 크다. 이들은 존재 감이 강하기 때문에 같은 이야기를 하더라도 자신감이 있고 강력하게 어필하는 느낌을 받는다.

또한 무시당하고 싶지 않다는 욕구도 강하기 때문에 지나치게 과시하거나 과대 포장을 해서라도 대단한 사람으로 보여 나를 따르게 하려는 강력한 리더십을 발휘하기도 한다.

이러한 모습은 자신이 어렵게 만들어 놓은 신뢰와 정직을 자칫 무너뜨리는 계기가 될 수도 있으니 에너지를 조절할 필요가 있다. 모든 사람이 나를 좋아할 수도, 내 이야기에 공감할 수도 없다. 이를 받아들이고 신뢰와 정직을 바탕으로 과도한 표현은 피하는 편이 좋다.

컬러테라피스트의 액션 플랜

만약 내가 가진 것이 많고 높은 위치에 있어 남들에게 줄 수 있는 게 많으니까 내 주변에 사람들이 있는 것이라면 그들은 언제든 떠나갈 관계라는 것을 명심하자. 오늘 나에게 솔직했는지 내 행동에 오해한 사람은 없었는지 생각해볼 필요가 있다.

◇지금 욕심을 버려야 할 것들은 무엇이 있나요?

예시)

쉬면 안 된다는 압박감

남들이 사는 건 나도 사야 한다는 생각

타인을 내가 변화시킬 수 있다는 생각

◇나를 위해 버려야 할 욕심에 무엇이 있는지 써보세요. 그
리고 필요할 때마다 추가해보세요.

빨강머리 앤의 머리카락 색은 무엇을 상징할까?

레드 컬러는 사회적 계급과 계층의 구분도 해체한다. 조선 시대 왕의 용포에서 보듯 레드 컬러는 동서고금을 막론하고 왕실과 귀족들이 선호하는 색이자 동시에 붉은 깃발을 흔드는 공산주의 혁명 노동자를 상징하기도 한다.

기독교 전통에서는 최고 단계의 천사인 세라핌이 항상 레드 컬러로 색칠되는 동시에 악마와 지옥 불, 세속적 사랑, 퇴폐미를 표현하기도 했다. 즉 레드 컬러는 열정과 수난, 삶과 죽음, 빛과 어둠을 모두 가지고 있는 '야누스의 색'이다.

삶과 죽음 사이에서 유난히 삶에 강한 애착을 보여주

외롭고 힘든 역경 속에서도 꿋꿋함과 열정을 잃지 않았던 빨강머리 앤

는 애니메이션이 떠오른다. 바로 〈빨강머리 앤〉이다.

캐나다의 한 시골 마을 녹색 지붕을 올린 집에 나이 든 남매가 살고 있다. 그들은 농장 일을 도울 남자아이를 입양하고자 보육원을 찾았는데 의사소통 착오로 여자아이인 '앤'이 오게 된다.

당황한 남매는 며칠 동안만 앤과 지내보기로 하고 그 사실을 눈치챈 앤은 어떻게든 그 집에 머무르기 위해 갖은 노력으로 남매의 마음에 들려고 한다. 그 과정에서 여러 가지 사건과 상황이 벌어지지만 결국 노년의 남매와 함께 살게 되며 앤이 겪게 되는 인간적인 감정과 사랑에 관한 이야기이다.

이후 학교도 다니고 이웃 소녀 다이아나와 진정한 친구도 되고 같은 학교 길버트와 공부 라이벌도 되는 등 고아지만 밝고 긍정적인 마인드로 열심히 삶을 살아가는 내용이 전개된다.

그전까지는 앤을 아무도 사랑하지 않았고 믿음도 주지 않았다. 가장 원초적인 사랑을 상징하는 집, 가족, 부모를 앤은 가지지 못했었다. 녹색 지붕 집 나이 든 남매에게 입양되면서부터 앤은 다시 쫓겨날지도 모른다는 불안감에 사로잡혀 그 집에 정착하기 위해 갖은 애를 쓴다.

밝고 열심히 사는 앤의 모습에서 생명력과 활기를 느낀 할머니와 할아버지는 결국 앤을 진심으로 사랑하게 되며 이 애니메이션은 해피 앤딩을 맞는다.

이 애니메이션에서 앤의 머리카락 색은 레드 컬러이다. 왜 하필 레드 컬러의 머리카락일까? 레드 컬러가 가진 심리에는 원초적인 사랑, 생존, 가족 등이 포함된다. 앤에게는 없던 가족의 사랑, 생존과 관련된 여러 가지 조건을 쟁취하기 위해 열정적으로 살아가는 모습을 레드 컬러의 머리카락으로 표현했음을 알 수 있다.

앤이 레드 컬러의 부정적인 성향으로 인성이 형성되었을 수도 있다. '남들은 다 있는데 왜 나만 집이 없는 거야!' '왜 나는 사람들로부터 무시당해야 하는 거야!'라는 생각에 빠져 살았다면 사랑과 가족애에 관해 부정적으로 인지될 수도 있었다.

하지만 앤은 외롭고 힘든 역경 속에서도 착함과 밝음을 잃지 않고 언제나 긍정적이고 인간적인 마음을 가지고 살아간다. 천사와 악마의 갈림길에서 악마의 유혹에 빠지지 않고 사랑이 넘치는 천사의 길을 선택한 것이다.

화려함으로 욕망을 자극하는 레드 컬러 보석

───────────────────────────

보석 '루비'의 이름은 빨간색을 의미하는 라틴어 '루베르Ruber'에서 유래되었다. 인도에서는 루비를 산크리스트어로 '보석의 왕'이란 이름으로 불렀다고 한다. 7월의 탄생석인 루비는 타오르는 불꽃 같은 사랑을 상징해 결혼 15주년 혹은 40주년을 기념하는 보석으로도 사용된다.

루비의 레드 컬러는 불火과 피血를 연상하게 하는데 이는 곧 뜨겁고 정열적이며 강력한 힘과 권위를 상징한다. 실제로 유럽 국가의 왕이나 왕족의 초상화를 보면 루비로 치장한 이가 많다.

우리가 잘 아는 영국의 '헨리 8세' '엘리자베스 1세' '제임스 1세'의 초상화에도 이 루비가 빠지지 않고 등장한다.

14세기 전에는 루비보다 사파이어가 더 많이 사랑받던 보석이었지만 왕이나 왕족의 초상화에 등장하기 시작한 계기로 루비가 더욱더 귀중한 보석으로 대우받기 시작하였다. 대부분 왕관이나 왕의 복식을 치장하던 보석으로 루비가 현저하게 늘어난 시점이 바로 이 시기였다.

귀중함과 강렬함의 상징인 빨간 루비를 아이템으로 사용하여 특별함을 선사했던 사례가 있다. 바로 스위스 파인

욕망을 자극하는 보석, 루비

워치 메이킹 브랜드 '예거 르쿨트르jaeger-lecoultre'가 '제22
회 2019상하이국제영화제SIFF'에서 선보인 루비로 장식한
시계이다.

예거 르쿨트르는 특별 주문 제작된 이 시계로 영화제
에서 경매를 통해 기부하는 자선 디너를 주최해 화제를 모
았는데 예거 르쿨트르 CEO 캐서린 레니는 이에 관해 다음
과 같이 말했다.

"시계 제작과 영화 제작의 본질은 순간을 포착해 시간을
나타내고 시간관념을 표현하는 것입니다. 뿐만 아니라 기
억을 기록하고 만들어 내는 것과도 관련되어 있지요. 예
거 르쿨트르는 복원이 필요한 모든 고전 영화를 통해 시
간의 예술에 대한 그랑 메종의 열정과 헌신을 드러낼 것
입니다."

Royal
Blue

로열블루

블루 컬러보다 진한 톤의 블루 컬러를 칭합니다.
권위와 정의를 중요시하고
직관과 통찰력이 뛰어난 성질을 지니고 있답니다.
장기적인 안목과 강한 주관으로
자신의 신념을 지키는 컬러이기도 합니다.

얼마 전 운전하며 가다 문득 '나는 뼛속까지 로열 블루 구나' 싶은 생각이 들었다. 그러면서 천천히 나를 돌아보다 보니 언젠가 컬러와 사람에 관한 내용으로 책을 써야겠다고 생각하게 되었다.

나는 물을 정말 싫어한다. 하지만 극복해보고 싶어 스쿠버다이빙을 시작했다. 늘 그랬듯이 나는 무언가 배우거나 시작하게 되면 흔히 말하는 '장비 빨'을 세운다.

처음에는 가성비 있는 재료나 장비를 사용해 시작하거나 배워도 충분할 것을 이왕이면 가장 좋은 것으로 준비하는 데에 많은 시간을 쓴다.

예를 들면, 방향제 하나를 만들더라도 모든 재료가 완벽히 갖추어져야 만들기를 시작한다. 그래서 스쿠버다이빙을 시작했을 때 이번만큼은 장비에 목숨 걸지 말고 먼저 대여로 사용해보며 내가 스쿠버다이빙을 할 수 있을지 알아보겠노라고 시작 전부터 다짐하고 다짐했다.

하지만 내가 누구인가? 이 책 『당신에게 필요한 색다른 하루』를 쓴 가장 큰 계기가 된 '로열 블루' 아니던가! 나의 다짐과는 달리 어느덧 내 손에는 좋은 맞춤 슈트에 비싼 장비까지 들려 있었다. 장비를 다 살 때 즈음 내 다짐들은 어디로 갔단 말인가 싶어 문득 웃겼다.

내가 이러한 모습만으로 나를 '로열 블루'라고 하진 않았을 것이다. 나는 무언가에 빠지면 다시 나오는 데 시간이 좀 걸리기도 하지만 질릴 때까지 하지 않으면 쉽게 해소되지도 않는 편이다.

스쿠버다이빙은 보라카이에서 배우게 되었다. 그전까지는 일 년에 1~2번 정도 해외로 나갔었는데 스쿠버다이빙을 배우면서는 한 달에 1번씩, 3개월 연속으로 짧게는 15일, 길게는 30일 가까이 계속 나가 있었음을 달력을 보다 깨닫게 되었다.

취미로 배운 비즈 공예 때도 하나의 작품을 만드는 데

최소 8~9시간이나 소요했다. 마음에 들지 않으면 들 때까지 만들었다 풀기를 반복했다. 밥을 먹지도, 화장실에 가지도 않고 꼬박 앉은 자리에서 8~9시간을 그렇게 작업했었다. 이래서 나는 내가 무언가를 배우게 되면 나 자신이 너무 무서워진다.

중독된 건 이뿐만이 아니다. 한번은 컵라면에 중독이 된 적이 있다. 삼시 세끼 국물이 있는 라면 없는 라면 가리지 않고 큰 사이즈의 컵라면을 질릴 때까지 먹었었다.

정확히 1주일이 되는 날 응급실을 방문했고 2주 만에 5kg이 넘게 쪘다. 건강이 나빠지고 있음을 인지하면서도 쉽게 고쳐지지 않아서 그 후로도 제법 고생했었다. 나는 잘 알면서도 도대체 왜 고쳐지지 않는 것일까?

컬러테라피스트의 조언

로열 블루 컬러 성향의 사람은 흐트러짐을 싫어한다. 매 순간 매무새를 단정하고 깔끔하게 격을 갖추는 것을 좋아한다. 그래서 옷을 입을 때도 화려하기보다 깔끔하고 심플한 스타일을 추구하는 편이다.

또한 '가치 소비'를 지향하기에 자신이 필요하다고 생각되는 곳에는 충분한 비용을 쓰는 편이다. 투자 가치가 있다고 판단했다면 가성비와 효율성을 따져야 함을 알면서도 이러한 로열 블루 컬러의 성향 때문에 구매를 하게 되는 것이 아닐까?

컬러테라피스트의 액션 플랜

사고 싶어 샀는데도 정작 사용하지는 않고 집안 어딘가를 굴러다니는 물건이 있지 않은가? 사고 싶은 물건이 생겼다면 일단 장바구니에 담아두자.

그리고 일주일 정도 잊고 살다 다시 장바구니를 들여다보면 '내가 이런 걸 왜 담아 뒀을까…?' 싶은 생각이 들 수도 있다. 그러니 지금 당장 사고 싶다는 충동이 든다면 일단 장바구니에 하루에서 일주일 정도 담아두는 습관을 들여보자.

치유 포인트

◇ 나의 중독성을 깨닫게 된 계기가 있나요?

예시)

'팬케이크 한 번 해볼까' 했는데 어느새 온갖 베이킹 도구를 산 것

좋아하는 캐릭터의 피규어라면 보일 때마다 사고 보는 것

밤새 편의점 앞에 줄까지 서며 캐릭터 빵을 산 것

◇ 이러한 중독성을 방지할 나만의 방법을 찾아보세요. 그리
고 필요할 때마다 추가해보세요.

속마음을
들키고 싶지
않은 사람

심해의 컬러인 로열 블루의 사람은 생각이 깊고 나름의 우직한 계획 세우기를 좋아한다. 또한 자존심이 강해 타인에게 속마음을 내보이고 싶어 하지 않는다. 얼마 전 로열 블루의 사람을 연인으로 둔 사람이 상담하러 왔다.

상담사) "연인이 감정을 많이 숨기지는 않으시나요?"
내담자, 여) "맞아요. 좋아하는지 싫어하는지 모르겠어요. 다 괜찮다고만 해요. 한 번은 함께 상담받으러 가서 심리 테스트를 한 적이 있는데, 심리 상담해주는 선생님 말에 계속 아니라고 하는 거예요. 제가 볼 땐 너무너무 남자친구 같았는데 말이죠."

이 말을 듣는 순간 나는 '아 오늘 상담 힘들겠네. 내 이야기 역시 들으려고 하지 않겠구나' 싶은 생각이 들었다. 조심스럽게 남자친구에게 물었다.

상담사) "본인이 생각했을 때 상담 내용이 전혀 본인 이야기가 아니라고 생각했나요?"

내담자, 남) "그렇게 안 살려고 노력했는데 자꾸 원하지 않던 모습을 말하니까요."

상담사) "그렇게 살고 싶지 않다는 건 어떤 삶인가요?"

내담자, 남) "전 혼자 당당하게 잘살고 있고 현재도 중요하지만 여자친구와 더 나은 미래를 살기 위해 지금 열심히 일하고 있어요. 그리고 저는 지금 삶이 좋아요. 힘든 것도 없어요. 지금 못 쉬고 못 노는 건 미래에 돈 많이 벌어서 살면 되니까요."

상담사) "돈을 얼마나 벌고 싶어요?"

내담자, 남) "글쎄요. 생각해보진 않았지만 10억이면 다 할 수 있을 것 같아요."

상담사) "그 정도면 성공했다고 생각해 그런 건가요?"

내담자, 남) "네 그 정도면 만족할 것 같아요."

상담사) "10억으로 무엇을 하고 싶어요?"

내담자, 남) "생각해보지 않았어요. 그때 되면 여행도 가고 그러지 않을까요?"

상담사) "지금은 그 10억을 위해 무엇을 참고 있나요?"

내담자, 남) "글쎄요……."

내담자, 여) "본인한테 엄청 짠돌이예요. 제가 먹고 싶다는 것만 먹고 본인은 뭐가 먹고 싶은지 말을 안 해요."

내담자, 남) "저는 괜찮아요. 저에게 쓸 돈 있으면 모아서 저금해요."

상담사) "남자친구는 굉장히 멋있는 사람이네요. 미래에 관한 나름의 계획이 있고 큰 책임감으로 여자친구 고생하지 않게 하려고 본인이 책임을 다하고 있네요. 아마 남자친구는 자신의 짐을 여자친구에게 나눠주지 않으려고 꽤 많이 노력하는 사람 같아요."

내담자, 남) "사실… 이런 심리 상담을 여자친구가 좋아해서 오기는 하지만 저는 힘들어요. 잘 버티고 잘 견디며 조심스럽게 젠가하듯이 차곡차곡 쌓아 올리고 있는데 가운데를 누가 뻥 하고 차버려서 무너지는 것 같아요. 날 들키는 것 같아서 불편해요. 나대로 잘살고 잘 견딘다고 생각하는데 사람들이 나를 우울한 사람으로 만드는 것 같아서 하고 싶지 않았어요. 미래에 관해 물어보는 것도 없이 무조건 참는다고 생각하고 힘들다고 판단하는 사람들이 싫어요."

그랬다. 많은 사람이 그의 이야기를 긍정적으로 이해하기보다 젊을 때부터 지금을 희생한다 생각하고 미래를 위해 소비하지 않는다고 판단했던 것이다. 분명 본인은 계획이 있고 그 계획에 충실한 것뿐인데 어쩌면 단순히 여자친구의 말만 듣고 나 또한 그 남자친구를 판단하려 했던 것은 아닐까 생각이 들었다.

다행히 미래지향적 이야기를 하며 구체적인 그의 계획을 들을 수 있었다. 그리고 아직 뚜렷하지 않은 미래의 본인 모습을 조금 더 구체화할 수 있도록 고민해보겠다는 그의 다짐으로 상담은 끝이 났다.

재미있는 점은 그 뒤로 그 남자친구는 종종 본인의 의지로 가끔 연락이 와서 상담을 요청한다.

컬러테라피스트의 조언

로열 블루 컬러 성향의 사람은 자신만의 계획이 있다. 남들이 보면 '저 사람은 왜 저럴까?' 생각할 정도로 자신의 계획에 철저하다. 또한 책임감도 강해 자신의 상황과 무게감을 남들과 잘 나누려 하지 않는 특징도 보인다.

위 남자친구의 사례를 보면 자존심이 강하다 보니 상담으로 자신의 모습을 들켰다는 데에 벌거벗은 느낌을 받았을 수도 있어 지금까지 상담사의 말을 부정한 듯하다.

또한 자신의 계획이 미래를 위해 지금을 희생하고 소비를 아끼는 게 아니라 젊음을 투자하고 있는 것임을 사람들에게 이해받지 못해 답답했을 것이다.

컬러테라피스트의 액션 플랜

혼자 모든 걸 짊어지려고 하지 말자. 내가 믿고 의지할 수 있는 사람이 주변에 있다면 오늘은 한 번쯤 고민을 이야기해보자. 누군가는 당신이 자신의 이야기를 해주고 기대어주길 바라고 있을지도 모른다.

치유 포인트

◇ 내가 바라는 미래를 위해 지금 어떤 노력을 하고 있나요?

예시)

가족과 편안한 노후를 보내고 싶어 꾸준히 적금하고 있다

건강하게 살고 싶어 운동을 주 3회 꾸준히 하고 있다

해외여행을 자유롭게 다니고 싶어 매일 1시간씩 영어를 공부한다

◇ 내가 바라는 미래의 내 모습과, 이를 위해 현재 어떤 노력
을 하는지 써보세요. 그리고 필요할 때마다 추가해보세요.

완벽해 보이지만,
실은 외로운 사람

부드럽고 편안한 표정의 얼굴, 머리부터 발끝까지 흐트러짐 없는 옷차림, 자상한 목소리, 군살이라고는 찾아볼 수 없는 날렵한 몸매의 소유자가 있다.

자기 관리를 철저히 하는 여성이 떠오를 듯하지만 이번 이야기의 주인공은 남자이다.

7~8년 전 즈음 그 남자를 처음 보았을 때 들었던 생각은 '와~ 대단한데? 멋지다!'였다. 평일에 운동하기 힘들 때는 주말에 3~4시간씩 몰아 운동하기도 한다고 했다. 차츰 '왜 저렇게까지 운동하지?'라는 생각이 들기 시작했다.

어떤 날은 "요새 운동을 못 해서 복근이 없어졌어요"라

로열블루

고 말하며 자신감 없는 표정을 짓기도 했다. 연예인도 아니고 운동선수도 아닌 아주 평범한 직장인이 저렇게까지 몸매에 집착하는 걸 본 건 처음이었다. 게다가 여성도 아닌 남성이 그렇다는 게 정말 정말 신기했다.

그는 복근을 관리하는 만큼 일에서도 완벽할 정도였다. 일에 관한 집중력이 뛰어나서인지 자신의 품위를 지키기 위함인지는 알 수 없었으나 회사에서도 고속 승진을 할 만큼 일에 몰두하고 있다.

이렇듯 누가 봐도 인기가 많을 듯한 외모에 일도 잘하는 세심하고 꼼꼼한 성격의 소유자라 그를 좋아하는 여성은 많지만 정작 그는 여성들의 호감을 즐기지는 않는 듯하다. 오히려 여성이 좋아함을 표현하며 한 발짝 다가가면 그는 두 발짝 멀어지는 모습을 보이기도 한다.

그는 의외로 혼자 술 마시기를 즐긴다. 완벽남이 혼자만의 시간을 더 좋아한다는 걸 다른 사람들은 이해할 수 없을 것이다. 완벽남이 남들과 벽을 쌓은 채 혼자 술을 마시는 이유는 무엇일까?

컬러테라피스트의 조언

로열 블루 컬러 성향의 사람은 무엇인가에 집중하겠다 결정하면 끝까지 해내는 성향을 지닌다. 자기만의 목표와 신념을 지키기 위해 노력하고 흐트러짐을 용납하지 못한다.

주변의 잡음이나 큰 소리에 예민하게 반응하기 때문에 스트레스를 받기 쉽다. 내가 정한 가치와 신념대로 움직이지 못할 때 가장 힘들어한다. 이 점이 로열 블루 컬러 성향의 사람이 혼자만의 시간을 즐기는 이유이다. 내가 지키고 싶은 정의를 위해 고요함 속에서 힘을 모으는 시간이 필요하기 때문이다.

이러한 성향이 강해지면 주변 사람들과 보내는 시끌벅적한 일상이 점점 줄어들어 어느새 홀로 외로움에 빠질 수 있다. 조금은 흐트러지기도 하고 삐뚤어지기도 해야 사람들과 어우러질 수 있음을 받아들여야 한다.

컬러테라피스트의 액션 플랜

가끔 완벽함에서 벗어나 삐뚤어진 채 살아가는 법을 익히자. 흐트러진 채로 있는 것을 하나씩 허용할 때마다 마음의 여유가 생길 것이다.

치유 포인트

◇가끔 흐트러지면 좋을 부분이 있다면 무엇일까요?

예시)

세수하지 않은 얼굴로 동네 산책하기

알람 시계를 끄고 늘어지게 늦잠 자기

"실수해도 괜찮아"라고 스스로 말해보기

◇나를 위해 흐트러지고 싶은 순간을 써보세요. 그리고 필요할 때마다 추가해보세요.

귀족을 상징하는 로열 블루

로열 블루 컬러는 프랑스 여왕을 위한 드레스를 만드는 대회에서 방앗간 주인에 의해 개발되었다고 한다. 제비꽃에서 색을 추출했다고 전해지는 로열 블루 컬러는 프랑스 왕 루이 14세에 의해 프랑스 황실을 상징하는 컬러로 지정되기도 했다. 이후 왕실이나 왕가의 여성들이 로열 블루 컬러의 옷을 입었다.

로열 블루 컬러는 영국 왕실의 관복 색으로도 지정되었다. 영국은 명문가에서만 쓰는 언어가 따로 있을 정도로 아직 명문가에 대해 구분 짓고 있다. 영국 명문가에 관한 걸 표현할 때 '블루 블러드Blue Blood'라고 한다.

이처럼 고귀한 대접을 받는 로열 블루 컬러는 고급스러운 상품 이름으로 많이 쓰이기도 한다. '군트럼, 리슬링 로열 블루Guntrum, Riesling Royal Blue'는 리슬링 포도의 향이 풋사과, 감귤류, 파인애플, 그리고 멜론과 같은 열대 과일의 아로마와 함께 어우러진 우아하고 클래식한 와인으로 단맛과 산도의 조화가 뛰어나다.

최고의 화이트와인 맛을 내기 위해서는 온화한 기후에서 포도가 익는 시간이 길어야 한다. 1435년부터 재배되었

로열 블루의 우아한 웅장미를 뽐내는 블루마운틴 국립공원

다고 알려진 리슬링은 건조하고 햇살이 좋은 언덕 꼭대기에서 재배된다. 수확한 후에는 부드럽게 압착하여 스테인리스 통에 담아 17도 정도의 온도에서 발효시킨다. 이후 한 번의 필터링을 거쳐 스테인리스 통에 보관한다.

영국 왕실의 커피로 꼽히는 '블루마운틴 커피Blue Mountain Coffee'에도 로열 블루 컬러의 이름이 들어 있다. 맛이 우수한 자메이카산 블루마운틴 원두는 세계 최고의 품질로 꼽히고 있는데 특히 블루산Mt. Blue에서 재배되는 블루마운틴 원두는 단맛, 신맛, 쓴맛이 조화로워 최상의 커피로 불리고 있다.

불운의 상징인 대양의 심장 '호프 다이아몬드'

세계 4대 다이아몬드 중 크기가 가장 큰 다이아몬드 (45캐럿)로 꼽히는 '호프 다이아몬드Hope Diamond'는 신비로운 깊은 바다의 색처럼 로열 블루 빛을 띠고 있다.

이 호프 다이아몬드는 영화 〈타이타닉〉에도 등장했다. 로즈(케이트 윈슬렛)가 잭(레오나르도 디카프리오)에게 자신의 누드화를 그려달라고 할 때 그녀가 몸에 걸친 단 하나의 물건인 대양의 심장이 바로 이 호프 다이아몬드를 모델로 만든 것이다.

호프 다이아몬드에는 무서운 전설이 있다. 호프 다이아몬드를 소유했던 사람 중 20명 이상이 목숨을 잃거나 정신 이상을 호소했기 때문이다.

현재 이 호프 다이아몬드는 뉴욕의 보석상 해리 윈스턴의 기증으로 매년 천만 명의 관광객이 방문하는 미국 워싱턴 DC 스미스소니언 박물관에 전시되어 있다.

'프렌치 블루의 저주'라고도 불리는 호프 다이아몬드의 저주는 1600년대로 거슬러 올라간다. 인도에서 처음 발견되었을 때는 지금보다 2배 넘게 큰 112캐럿이었다. 프랑스 황제 루이 14세는 이 다이아몬드를 구매한 후 67.50캐

소유욕과 탐욕이 불러온 저주의 호프 다이아몬드

렷의 삼각형 배 모양으로 세공하여 가치를 높였다. 그 후 이 다이아몬드는 '프렌치 블루 다이아몬드'라고 불렸는데 이때부터 호프 다이아몬드의 저주가 시작되었다.

루이 15세는 이 보석을 자신의 애인인 듀발리 자작부인에게 빌려주었는데 그녀는 프랑스 혁명 때 참수되었다. 루이 16세는 자신의 부인인 마리앙투아네트에게 이 보석을 지니도록 했는데 그녀 역시 단두대에서 처형되었다.

루이 16세는 자신의 의식용 예복에 이 다이아몬드를 달아 장식했는데 1792년 왕실 보석관에 도둑이 들어 도난되었다. 이후 도난 보석 대부분이 회수되었지만 이 호프 다이아몬드는 나타나지 않았다.

그로부터 38년 뒤인 1830년, 호프 다이아몬드는 보석상 에리아손에 의해 런던 경매장에서 동그랗게 변한 45.52캐럿의 모습으로 등장했다. 이 경매를 통해 영국 런던의 은행가 헨리 호프가 9만 달러에 최종 낙찰을 받게 된다. 헨리 호프에게 다이아몬드를 팔았던 에리아손은 낙마 사고로 죽으며 저주 속 인물에 포함되었고 다이아몬드를 산 헨리 호프 역시 얼마 지나지 않아 낙마로 사망하게 된다.

헨리 호프가 죽은 후 이 다이아몬드는 그의 조카 헨리 토마스 호프의 소유가 되었고 이때부터 호프의 이름이 붙어 지금의 호칭인 호프 다이아몬드라고 불리게 되었다.

이후 1908년에는 오스만 제국의 술탄 압둘하미드 2세의 소유가 되었는데 그는 이 보석을 자신의 부인 중 하나인 수비야에게 선물했다. 하지만 역시나 수비야는 살해당했고 10년이 채 지나지 않아 오스만 제국도 결국 멸망했다.

우연의 일치인지 정말 저주인지는 알 수 없지만 사람들의 소유욕과 탐욕이 부른 결과는 아니었을지 생각해볼 필요가 있다.

로열블루

이 책은 특별한 이야기가 담긴 책이 아닙니다. 우리의 일상이 컬러로 해석되어 있지요. 우리는 수많은 컬러 속에서 울고, 웃고, 화내고, 행복하며 다양한 감정을 느끼고 부딪히며 부지런히 오늘을 살아가고 있습니다.

여러분은 오늘 어떤 컬러와 함께 하셨나요? 늘 비슷한 하루에 지루해하거나 지치지는 않으셨는지요. 이 책이 힘들고 지친 당신의 마음을 위로하고, 나를 더욱더 사랑할 힘을 기르는 데 도움이 된다면 좋겠습니다.

이 책이 독자 여러분과 만나기까지 많은 내담자와 주변 분의 도움이 있었습니다. 마음속 깊이 담아두었던 이야기도 기꺼이 꺼내주셨기에 이 책이 무사히 출간될 수 있었어요. 이 지면을 빌어 고마움을 전합니다. 그리고 사람들의 이야기를 듣고 컬러로 도울 수 있는 삶을 살도록 인도해주신 컬러 미러 창시자 멜리시에게도 감사 인사를 전합니다.

우리 곁에는 비록 눈에 보이지는 않지만 나를 응원하고 지지하는 사람과 컬러가 있음을 항상 기억하셨으면 좋겠습니다. 이 책 『당신에게 필요한 색다른 하루』가 당신에게 색다른 하루를 선물하길 바랍니다.

베푸는 마젠타, 책임감의 블루,
호기심의 옐로우

당신에게 필요한
색다른 하루

초판 1쇄 인쇄 2022년 7월 8일
초판 1쇄 발행 2022년 7월 15일

지은이 김규리·이진미

대표 장선희 **총괄** 이영철
책임편집 이소정 **기획편집** 정시아, 한이슬, 현미나
디자인 김효숙, 최아영 **외주디자인** 여만엽
마케팅 최의범, 강주영, 이동희, 김현진
경영관리 문경국

펴낸곳 서사원 **출판등록** 제2021-000194호
주소 서울시 영등포구 당산로54길 11, 상가 301호
전화 02-898-8778 **팩스** 02-6008-1673
이메일 cr@seosawon.com
블로그 blog.naver.com/seosawon
페이스북 www.facebook.com/seosawon
인스타그램 www.instagram.com/seosawon

ⓒ김규리·이진미, 2022

ISBN 979-11-6822-081-2 03180

서사원은 독자 여러분의 책에 관한 아이디어와 원고 투고를 설레는 마음으로 기다리고 있습니다.
책으로 엮기를 원하는 아이디어가 있는 분은 이메일 cr@seosawon.com으로 간단한 개요와 취지, 연락처 등을 보내주세요.
고민을 멈추고 실행해보세요. 꿈이 이루어집니다.

색다른
치유 카드

당신에게 오늘을 살아갈 힘이 되는
치유의 말을 건네는 미니 카드입니다.
재단 선을 따라 책에서 과감하게 잘라주세요.
좋아하는 곳에 모두 담아두었다 매일 한 장씩 꺼내어 읽어도 좋고,
가끔 위로가 필요할 때 찾아 읽어도 좋습니다.
아니면 컬러별로 담아두었다
그날그날 끌리는 컬러에 따라 골라 읽어도 좋아요.
특히 마음이 끌리는 치유 메시지가 있다면
지갑 혹은 휴대전화 케이스 안에 작게 접어 넣어보세요.
나를 감싸는 힐링 에너지가 늘 곁에 있음이 느껴질 거예요.

당신은
나의 귀인입니다.

아무것도 하지 말고
오늘은 푹 쉬어 봅시다.

가장 사랑하는 사람과
오늘 하루
행복한 시간을 보내세요.

당신은
신의 사랑입니다.

당신 주변에
당신을 사랑하는 사람이
많습니다.

힐링 여행을
떠나보세요.

당신은
로맨틱합니다.

당신은 지금 그대로
완전합니다.

당신은
사랑스러워요.

당신을 보면
마음이 포근해집니다.

외로울 때는
사랑을 표현해 보아요.

많은 사람이
당신을 사랑한답니다.

우아한 당신이
아름답습니다.

오늘은 잠시 멈추고
행복함을 느껴 보아요.

완벽하지 않아도
괜찮습니다.

당신의 영혼을
믿습니다.

당신은 나의
소울메이트입니다.

당신은 끝까지
해낼 수 있습니다.

당신은 무엇이든
할 수 있습니다.

충분히 준비할 시간을
가져 보세요.

당신의 힘으로
타인을 도와보세요.

눈을 감고 당신의 힘을
느껴보세요.

당신은 어느 방향으로
나아가고 싶나요?

지금 당장 하고 싶은
일을 해보세요.

다시 시작해도
괜찮아요.

당신 덕분에
주변이 정화됩니다.

오늘 하루 내 안의
모든 것을 비워봅시다.

당신은
순수한 천사입니다.

당신의 빛으로
주변이 더 강력해집니다.

당신은
맑은 영혼입니다.

잠시 멈추어도
괜찮아요.

당신 덕분에
오늘을 살아갑니다.

당신이 있어
우리가 있습니다.

조용히
혼자 있어 봅니다.

당신을
이해할 수 있어요.

당신이 있어
행복합니다.

하고 싶은 말은 해도
괜찮아요.

생각을 멈추고
즐겨봅시다.

나는 당신을
존중합니다.

당신의 이야기를
들을 준비가 되어 있습니다.

내 말을
들어주어 고마워요.

당신을
믿습니다.

당신은
나의 비타민입니다.

당신은 어디에 있든
항상 빛납니다.

당신의 웃음이
사람들을
행복하게 해줍니다.

무엇을 하든
늘 뒤에
당신 편이 서 있습니다.

복잡한 생각은
잠시 내려놓아도 됩니다.

한바탕 시원하게
웃어 보아요.

당신을
좋아합니다.

당신 덕분에
주변이 늘 밝습니다.

오늘 하루
자유롭게 날아봅니다.

당신은
선물입니다.

외로우면
내 손을 잡아봐요.

오늘은 울어도
괜찮아요.

당신을
사랑합니다.

당신의 열정을
응원합니다.

오늘 하루
힘내서 달려 보아요.

당신 덕분에 오늘도
용기를 얻습니다.

힘이 들 땐
잠시 기대어 보세요.

잠시 쉬어가도
괜찮아요.

당신의 직관을
믿고 움직여 보세요.

너무 잘하려고
애쓰지 말아요.

무엇을 하든
당신이 옳습니다.

당신이 있어
든든합니다.

당신은
혼자가 아닙니다.

괜찮은 척
웃지 않아도 됩니다.